松永暢史と
奥多摩少年作家連

日本の教育、ここがヘンタイ!

最大の被害者、子どもたちの告発から考える

ワニ・プラス

◎はじめに

未来社会をつくる子どもの教育を大切に思うと同時に、
この国の教育はどこかオカシいと気づき始めたすべての方へ

この国の教育はどこかおかしい。

おかしくなってしまっている。

子どもを育てた経験のある方なら、誰でも一度くらいはそう思ったことがあると思う。

そうなのである。

47年の経験を持つ個人教育コンサルタントの目から見れば、それは実に明らかなことなのである。

この国の教育はどこかおかしい。

それはどこか。

無理を承知で、一言で言えば、この国の教育は、長い間の「型」に嵌《は》められて、動きが取れずにねじれてオカシクなっている、というのが実情なのである。多くの糸が絡まってしまい、ほぐして元に戻せない状態。

あえて言えば「手術」が必要な状態。でなければ、自ら仕事を辞めて休んでリハビリして「健康」を取り戻すべき状態。あるいは全部を壊して新しいものを再構築するべき状態なのである。

でも、そういう状態だと自ら気がつけないから、「ヘンタイ」とも言えるのである。そして、そのままで「大丈夫」だと思ってしまう。それゆえに、それをやめることができずにいるのである。しかし、このままではこの国の教育は、致命的な病に陥ってしまうと思う。そんなわけにはいかない。それは許されないことである。

私は長年にわたり、個人の教育相談を受けることをその仕事としてきた。

レッスンもするので一応「先生」などと呼ばれるが、その実際は1対1の個人授業であり、1対多の授業を行う学校の教師や塾の教師とは、「お仕事」の中身が根本的に異なっていると思う。

クラス全体をではなく、目の前の一人ひとりの生徒の状況を完全に把握しようとする。すると、その背後に家庭環境と学校環境、つまりその子にとっての教育環境がリアルに浮かび上がってくる。そして、彼（彼女）を現在のその状態に「規定」しているのは、その教育環境のためであることがわかってくる。

その子どもにとって大切な教育環境が「オカシク」なってしまっている。

これまでどれほど繰り返し子どもたちの声を聞いてきたことか。

特に学校がおかしい。

学校がヘンだ。

理解できない。

そしてついに、一人が「学校教育はヘンタイだ！」と言い始めると、たちまち皆、「ヘンタイ！ヘンタイ！」と口を揃えて言うようになった。

学校が「ヘンタイ」――これは子どもたちにとって、どうしようもなく重い「問題」である（子どもたちのこの声を多くの方々に届けるために、思い切ってタイトルにも使わせてもらった）。

しかし、彼らにそれを解決する方法はない。

それは、学校のもう一方の当事者である大人たちが、自分のしていることを正しいと思い込んでいて、それを理解できていないから。

そして、子どもたちのほとんどはその「問題」を伝える術《すべ》を持たない。

ゆえに、世の多くの人たちにはその「実態」がわからない。子どもたちが何に苦しんでいるのかよくわからない。

「いじめ」に続いて、「学級崩壊」が起こる。「不登校」が増える。[注1] 特別支援学級[注2]が膨らむ。教育のオンライン化が進む。教師の精神疾患が増える。教員志望倍率が低迷化する。ますます公教育を避けようとする人が出る。そして大学入試はどんどんA・O化していく。

これはいったい何を意味するのか？

政府、文部科学省やそれに付随する「有識者」たちは、現状、何ら具体的な解決案を提示できていない。

つまり、簡単に言うと、「放置」されているに等しいのだ。

それはなぜなのか。何のためなのか。

何はともあれ、日本の教育はどこかおかしい。

おかしくなっている。

おかしくなってしまっている。

しかし、我々大人は、その教育を受ける「当事者」ではない。親ですらも「当事者」ではない。

その「当事者」であるのは、子どもたちである。

子どもたちこそ、相も変わらぬヘンタイ教育の「犠牲」になっている「当事者」なのである。

ここですべきことは、多くの人がまだうっすらとしか感じていない、現行の日本の教育のヘン

注1　『令和3年度 児童生徒の問題行動・不登校等生徒指導上の諸課題に関する調査結果について』（文部科学省）によると、小・中学校における不登校児童生徒数24万4940人（前年度19万6127人）、また、在籍児童生徒に占める不登校児童生徒の割合2・6％（前年度2・0％）となっているが、この数字は9年連続で増加し、10年前に比べ、小学生は3・6倍、中学生は1・7倍になっている
注2　障害のある児童、生徒を対象とした少人数の学級

タイ性、その実態を広く赤裸々に伝えることにより、教育行政側が「お恥ずかしくてもうやっていられない」と思うようにすることで、教育を、いや教育についての考え方を根本的に変換せざるを得ない状況に追い込むことであると思う。

それには、子どもたちの実際の意見に直接耳を傾けることがそのスタートになる。

ここに「日本ヘンタイ教育告発委員会」なるものがある。要は、私の『ヘンタイ本』制作の提案に賛同して、「やろう、やろう!」と声を上げた中高生たちの集団である。そして、その主要メンバーは「奥多摩少年作家連」。私の教え子にして、それぞれ、ネットで小説やエッセイ、論文を発表するツワモノ中高生たちだ。またその背後に、彼らとは別に現役、もしくは元教師たちの協力者たちがいる。

その声を聞くと、生徒たちも教師たちも「もうやってられない」と感じていることがわかる。

昨年、文科省の企画で大失敗した「教師のバトン」[注3]ハッシュタグどころの話ではない。

もはや、日本の教育は完全に「ヘンタイ」である。

「ヘンタイ」であることに気がつかないヘンタイである。

この本が、子育て中の親御さんにだけでなく、お孫さんを持つ方、そして現在、子どもの教育に関係のない人にも、自分たちが受けてきた教育がどのようなものであったのか、そしてその延長線上の実際がどうなっているのかを知り、やはりこれはこれからの子どものために変えなきゃいかんと発念していただく役目を果たせることを祈って「監修者」として一筆叙す。

注3　「文部科学省主導でツイッターなどにより『教師の魅力を発信してほしい』として始まったプロジェクトだが、教師の現場の過酷さを投稿が相次いだ。しかし、文科省はこの声を放置している」（２０２２年４月12日付の東京新聞より）

◎目次

第四章

生徒たちの問いかけにどう答える　113

――日本の教育のあるべき姿とは？

第五章　日本教育の「ヘンタイ」性はもはや罪である――着想する能力を阻害し、言語力を育てない　153

第一章
小中学生の悲痛な叫びに耳を傾けよ

日本の教育のヘンタイ性を明らかにするために、何といってもまず第一に我々がなすべきことは、真摯に子どもたちの声に耳を傾けようとすることであろう。しかし、なぜ学校が嫌なのか、そして、どうして、どんなところが嫌なのか。それをまだ社会経験や言葉の足りない子どもたちから正確に聞き出すことはそう簡単なことではない。

またメディアは、読者でもある教師たちを慮《おもんぱか》るためか、その実態を客観的に述べようとすることはしない。そうでなければ「ジャーナリズム的無能」である。もしくは、高学歴知識人のつもりの彼らも何が問題であるのか理解できていないのかもしれない。

そこで、筆者の下で、すでにカタカムナ古典音読（筆者が提唱し、取り組みを続けてきた日本語能力開発法、『カタカムナ音読法』〈２０２２年、ワニ・プラス刊〉を参照してほしい）を修了していて、文章力をものにしている者たち＝奥多摩少年作家連&リベラルアーツ生に、本書への寄稿を依頼した結果、以下のようなものを得たので、それをそのまま紹介していきたいと思う。

◎N君の小学生当時の「ヘンタイ」女性教師体験

Nは、公立小を経て中高一貫私立校に通う中3生である。この男は、小学6年生時点でかなり哲学的な文章を書くことができる「天才児」で、小説をネットなどに連続的に投稿している「作

家」であり、奥多摩少年作家連のリーダー的存在である。小6で不登校になったが、受験勉強に

は力を入れ、志望校に合格し、その学校には今のところ大きな不満はないと言う。特殊な文体で、

作文というよりも物語文タッチで読みにくいところもあるかと思うが、そのまま紹介する。

大抵の大人は子どもだと思ってみくびっているが、小学生というものは、案外しっかりとものを考えているものである。だからこそ僕らは、「ヘンタイ」を見抜いて記憶してしまう。

小学生の時、最初に出会うヘンタイはそう。校長の話である。暑い日も寒い日も、「恒例」という理由で生徒は朝礼に並ぶ。

背の順に並べ！　前へならえ！　直れ！　休め！　そう。「あるある」ってやつだ。でもヘンタイが「あるある」になってるんじゃあ、もうどうしようもない。

でも、「あるある」で済ませて良いのか？　これ。

「ちょっと揺れたら即指導だぞ！」、指導ってそれはつまり怒鳴られるってことだ。

ついでに「連帯責任」とかいう、もうどこに合理性があるのかわからないものまでセットでクラスごと指導だぞ!?　とにかく「あるある」だから。誰も「問題」だと思わないから。

僕らは信じた。耐えることこそ美徳。いや、すべきこと。義務であると。

ヘンタイは洗脳の能力を持つ。真っ白な子どもの常識と固定観念が、パッと塗られて僕ら

は信じた。もっと言うなら、ここで塗られた常識と固定観念はずっと残るのだろう。その証拠は、僕が今でも「気をつけ！」の声を耳にすると、思わずそれに反応しそうになることだ。校長を見たってわかる。ヘンタイに巻き込まれているだろう。誰が聞いていたか？　あれを。誰が覚えたか？　あれを。なんで話したか？　あれを。でもやっている。「常識」だし。隣もやってるし。隣の隣もやってるし。「あるある」である。

「ヘンタイ」はヘンタイをやめさせないという能力を持つようだ。

次は僕の小学校生活最後に経験した、というか小学校を辞めるきっかけとなった、学校が「ヘンタイ」なところを書こう。

小学校を辞めると言ったが、僕は小６の時に学校のヘンタイぶりに耐えられなくなって学校に行くのを辞めているのである。世間では「不登校」とか言ってるし、まあ別に小学校を辞めた人は結構いるし、むしろ僕は小６の夏からだからかなり遅い。だけれどそれは限界まで耐えたとも言えると思う。その「ヘンタイ」は少なくとも僕にとっては大きすぎたのであった。

話の始まりは小６の始めである。突然新しく担任となったその女性教師は、まず小さな「ヘンタイ」を持ってきた。

それは何かとよく、前にいた学校の生徒たちがいかに従順で、彼女の言うことをよく聞いたかという話をすることである。元の学校に帰りたいくらいだと口にすることもあった。

彼女は授業が下手で生徒が騒いだり言うことを聞かなかったりすると、よく教室を出て行った。これもよくあるやつで、一種の「ストライキ」だ。でも実は彼女は職員室に呼びにきて欲しいのだ。そうでなければ話にならない。だからもちろん「係」が呼びに行った。なぜなら僕らの「常識」はすでに綺麗に塗られているから。その「常識」からすると、この「ヘンタイ」はありがたいことらしい。昔塗られたからよく覚えている。

で…それと並行するように、彼女は生徒に「序列」をつけ、それは公開されないけれども、おそらく「最下位」っていうか狙いやすいやつを集中的に指導（要するに怒鳴る）し始めた。

ただただ締め付ければいいと思ってる奴、（何なら授業含めて）本っっっ当に何もしないやつ、生徒というよりどちらかというと「手足」が欲しそうなやつ…っとまあ先鋭揃いですが、あの先生はその中でもひときわ輝きます。

人間は共通の敵を前にして、初めて団結できる…らしいです。

その考え方をあの先生がどっから仕入れてきたのか、たまたま思いついたのかは、知りません。

でも確かにその先生はその考えを実践していました。

「共通の敵」っていうのはそう、選ばれた生徒です。

つまり、「生贄《いけにえ》」です。

最初に選ばれたのは、確か「アホな男子」ってポジのやつだった。よくいる、なんか目立つ子。

まずはそいつを全体の前で晒《さら》して怒る！　もう一回晒す！　クローズアップ！

他の人は怒らなくても、そいつだけは怒る!!

それを繰り返すとどうなるか。

それはクラスの中に以下のような空気が広がっていくのである。

「あいつだけ悪い奴だな。私たちはあいつよりちゃんとできている」

そこに「団結」が生まれる。

そして生徒たちは、いつも通りの、自然ではあるが最悪の結論を生み出す。

それは、「あいつを叩こう」ということである。

ああ、団結していたとも、確かに俺たちは団結していた。あれは「団結」だった。

そうして可哀想なその生徒は、先生と生徒の両方から攻撃を受け始める。

俺たちは団結している。完璧な連携プレーだ。

そうして一人が消え、もう一人が消えていった。

消えた者は、もはや机も無くなっていく。

「完全に片付けたわけではないですよ。ただ、廊下に移動しただけです」

そういう先生の言葉を痛々しく感じ、妙に違和感を覚える。

しかし、この時は別に俺は「主人公」でもなんでもなかった。庇《かば》う事も、異を唱える事もしようとしなかった。

いや、それ以前に思いつかなかった。情けない人間だった。

先生の理論を信じて、自分が優れていると思った。

ここで妙な動きをすれば自分に矛先が向くと思った。

いじめをテーマにした小説から、そう学んだから、動かなかった。

指導の理由？　それは僕から見れば単なる粗探《あらさが》し。彼女の場当たり的独断によって、あらかじめ細かくて覚えられないルールが網のように貼り巡らされているので、狙っていれば見つけやすいから、ここぞとばかりに「指導」（＝怒鳴る）が行われる。今も耳に残るあの人前を憚《はばか》らない女性のヒステリックな嫌な声。当時の僕に語彙力《ごいりょく》があれば名を付けただろう。「摘発」を皆が集まるタイミングにする。残った皆が聞こえるくらい大声で指導する。それと並行で残った皆をちょっと誉めてみたりと、わざとらしくていやらしいことこの上ない。これが教師が行う「指導」かと思うと反吐《へど》が出そうだ。刑務所に入る準備をさせられているとかしか思えない。

で、気づいたら「僕ら」は至極自然に「団結」していた。「僕ら」は先生のつまらない期待に応えている「あいつら」とは違う。

もう我慢ができない！　あいつを追い出そう！　そして今の状態を「卒業」して、ワンランク上に行こう。なぜなら先生の言う「連帯責任」があるからね。

おっと。「いじめ」ではない。先生に聞いてみればどうだ？　「連帯責任」と言ってくれているのは彼女だから。

誰も殴っていない。暴言も言っていない。ただ、ただ…いやもう、やめておこう。

そして「事件」は起きた。

そうして悲しいかな、僕らは「ワンランク上」に行った。無意味な教育に打ち勝った。いや、僕は「行った」と認められていなかったかな。「怪我」をしていたし。

そう、怪我、話は遡《さかのぼ》るが、それは運動会の時のことだった。僕は運動会の練習中、派手に転んでしまった。勢いがあった。骨は折れていなかった。ただ、なぜか痛んだ。

運動会で、教師は「団結」の2文字を掲げた。

そう、クラスは団結していたとも。先生の標的…今度は僕らしい…を除いて。

世の中には、意味もわからずとにかく「団結」することが好きな人たちがいるのだ。

初めに先生が言う。

「N君は足の重い怪我のために練習を見学します」

これだけで十分だった。この後、先生は決して僕の足の話題は出さない。他でいくらでも粗探しできるからだ。そしてそれを抽象化すれば「反抗」と言うことになる。そこから指導された。

いやはや「団結」の文字の旗の中、先生の指導の怒鳴り声の背後に目に入る「見学」という例外はよく目立ったことだろう。練習のキツさを共有しない僕には、すぐに「ズル」という疑いが出た。「あいつならやりかねん」。教師の怒鳴り声を聞きながら僕はそう思った。

そうして「ズル説」はだんだん「真実」として語られ、あっというまに広まった。

流石《さすが》、一度「団結」していると違うなあ。生徒だけで一瞬で広まる。

ついに自分が「標的化」した僕は、改めてやや冷静にそう認識した。

そうして前のように、「ワンランク上」に行くために、彼らなりの「団結」は高まっていった。先生はもはや何も言わなかった。ただ、目を閉じて運動会指導を繰り返した。すると、

「団結」が「敵」として僕の前に現れた。「仮病人」。彼らは練習からくる全体ストレスの「吐口」を見失ったらしい。それも気づいたら予想外に増えていた。そうして、最後の一人が「団結」の名のもとに僕の「追い出し」に加わった時、僕は学校を辞めていた。そして、しばらくして、気づいたら。なぜか彼女も学校からいなくなっていた。

友人の一人が言った。

彼女は消えた。消えていた。気づいたら何も言わずに消えていた。夏休みの間に消えていた。学校をやめたらしい。他へ行くとか。

まず本人が消えた。次に机に置かれたプリントが消えた。そして気づいたら机も消えていたとのこと。でも俺はもう学校に戻る気は起きなかった

これは、詳しいところはよくわからないが、6年生の担任になった女性教師が、旧いアタマなのか指導能力不足で、おまけに「先生」という権威で、誰かを晒して無理に言うことを聞かせようとした。しかし、6年生にもなれば大人のやっていることをバカバカしくて到底我慢できないと思う子も出てくるから、我慢しきれずに、GW明けには授業中に何かと教師を困らせる質問をしたりして追い出そうとする者が出てくる。ちょうどその頃、6月の運動会の練習に入り、彼女はここぞチャンスとばかりに「団結」の言葉を掲げクラスをまとめようとする。一方怪我をして練習に参加しなかったN君に対し、その練習のキツさゆえに、先生の言うことを守ろうとするタイプの集団を中心に差別する感情がクラス内に芽生え、どうもそれを教師も助長したらしく、たまらなくなって不登校になったという話である。

おそらくは父兄の何名かから、指導に関する「苦情」が出て、また運動会後も彼女の言動についていけなくなった生徒たちが「反乱」を起こし、夏休みに入るまでに授業にならなくなってしまったのではないか。

ここには、教師の能力不足、ストレスによるいじめを内包した学級崩壊、そして不登校といった問題が集約的に表れているが、公立校に通う生徒たちからすれば、こんなことは「あるある」である。

「いじめ」はどうして起きるか。それは実はどう考えてみても、子ども全員を教室に押し込んで動かないようにして授業を受けさせることによるストレスが主因であるが、文科省もメディアもそれをはっきりと認めた形跡はない。かえって子どもの管理が厳しくなり、そこに細かいルールが織り込まれ、さらに潜在するストレスを増大させる方向性になった。

「バカ」としか呼びようがない。

そしてそうした結果、現れたのが学級崩壊や不登校の増加である。だがそれでも文科省は、スクールカウンセラーなどの設置はしたが、まず不登校の子どもを追うことを諦め、フリースクールやインターナショナルスクールの利用を容認することになる。しかし、インターへ行く子には「日本の学校の卒業資格はもらえません」と脅す一方で、なぜか特別支援学級や学校の設置に積極的に動いている。そしてこれは2022年の9月に国連の障害者権利委員会から「差別」としてやめるように勧告を受けているのである。[注4] その中で、教師の側には重い精神疾患にかかる人たちが多数出ている。そりゃそうだろう。毎日、自分の言うことを全く聞いてくれない子どもたちの相手をしていれば気も変になる、その気持ちもわかるというものである。辞める人も多い。教師の方も「不登校」である。

すでに、進学塾の講師など指導力の優れる教師に習った経験のある生徒たちは、学校の先生があまりにバカなことを言うと、その批判を口に出すようになる。小学生だからって舐《な》めてはいけない。彼らはひょっとしたら普通の大人以上の論理的思考能力を持つに至っていることもありうる。「知識」と「知能」は異なる。それに気づかず平気で「バカ」を晒せば、そこに当然「攻撃」が加えられることになる。

注4　「特別支援学級を巡って、（通常教育を望んでも）通常教育に加われない障害児がおり、分けられた状態が長く続いていることに国連は懸念を表明。通常学校が障害児の入学を拒めないようにする措置を要請したほか、分離教育の廃止に向けた国の行動計画策定を求めた。」（2022年9月9日付の産経新聞より）

◎中学生S君の告発、「私を生贄にクラスをまとめようとした女性教師から逃げた話」

もう一つご紹介しよう。

前出N君のケースと似た話は結構ある。いずれも指導力の不足した女性教師が、生徒の把握のために、クラス内の一人を標的化することによって、他の生徒たちを教師寄りの団結に導くというパターンである。このやり方はあまりにも各所で見られるので、ひょっとすると「教本」があるのかもしれない。私のところへの不登校の相談でも、このパターンが実に多い。不登校の理由のアンケートに、「教師との不具合」を選択肢に入れれば、これがかなり上位に入るのではないかと思う。

しかし、新聞などは、「女性差別」と受け取られることを恐れてか、決してこのことを問題にしない。子どもたちが「バカハラ」でダメにされても構わないというのか。教育関係の記者に女性が多いことがその一因かもしれない。まあ、後でも述べるが、男性教師の質の低下と、子どもたちの健全な知能の伸長をぶち壊すバカな大人による「バカハラ」についてもものすごいものがある。

S君は6年制私立に通学する中3生。論理的思考に長け、将棋はクラブの上級生でも叶わない腕前。おまけに創造性と企画性に富む読書家で小説も書く。未来の「リーダー」に相応《ふさわ》しいタイプの人物である。しかもこの事件があったときは生徒会長で、学校からは睨まれつつ尊重される微妙な立場にあった。

学校の先生というのは個性的な人が集まるのか、私の中学校の先生は中々のツワモノ揃いだった。

「専門外だから分からない」と言って、テスト前日までまともな授業をせず線だけ引かせ続けた理科教師。授業中に脈絡も無くパントマイムやバルーンアートを披露しだし、ネタの一環として急に大声を出して、机の上の紙束をぶちまけた社会科教師などなど。私からすれば、「発狂」してるとしか思えない。

そんな中でも私が中2の時の数学教師はひときわ目立ってヤバかった。

彼女は年度が替わった初授業でいきなり、

「提出物を出さない人は成績を3（10段階）にします！」と高らかに宣言した。

なんてこった。私は提出物の類が大の苦手なのだ。もちろん改善するつもりはあるし努力もするが、急にやれと迫られても羽を生やして飛べと言われているのと変わらない。というか成績ってそんな絶対的なものでもないだろ。それに数学のノート提出なんてバカにしてやがらあ。

そんなわけで提出物は出さずに（出せずに）過ごしていた。まあ成績3にされても他の教科でリカバリーすればいいかなーなんて思っていたんだがそんな穏便にはいかない、というかいったらこれには書かない。

まあ提出物について初日に言うくらいだ。何回も連続で忘れて来るやつは嫌いなんでしょう、段々私に対する当たりが強くなって来る。はじめのうちは説教がトゲトゲしくなる程度だったが、だんだん雲行きが怪しくなってきた。

彼女は叫ぶ。

「なんでキミは私の言う通りにできないのっ！」

完全にアタマがオカシイ。自分が何様だかわかっていない。単なるバカな大人の女の人である。とてもではないが数学の教師とは思えない。体育の教師でもやれば良いのにと言いたくなってくる。そうすりゃ、あんたのしたいことが思う存分できるわさ。

生徒のうちの一人を生贄にして他の生徒の「俺はあいつより上」という結束を持たせるやり方は割とポピュラーなものなのか、その教師も同じことをやりだした。元々やるつもりだったのか、私だからやられたのかは知らないがまあとにかく標的にされた。

私はもとからノートをとったりとか、提出物のプリントを出したりという学生ならば当たり前にできることができず、自分のやり方でそれを補って学校生活を送っていたが、それを良く思わない人もおり、そんな連中は喜々として教師の私叩きに乗っかってきた。私には、大人がメディアでやっていることと同じに思えた。

成績で脅しても罵っても平気でいる私についに切れたか、よっぽど憎まれているのか、ある日授業中の私語を咎められ、急に廊下に出るように言われた。小学校ではなく中学校での話である。まあ、そもそも一人を晒し上げてクラスの結束を図ろうとする教師の授業など質のいいものでもなかったので問題なく過ごしていた。そんなこんなで一学期が終わった。この間にあった2回のテストでは、どちらもクラストップのほぼ9割の得点をすることができたが、数学の成績は教師の宣言通り3だった。まあ採点は真面目にやるので感心はしたが。

2学期になると私とその教師の間を取り持とうとしたのか、学校側から私に対して面談が行われたりしたが、その後、私は体調を崩して学校に行かなくなった。当然テストも受けられなければ授業すらろくに受けていない。見事に通知表には2や3が並んでいた。しかし、数学の成績は驚愕の9！　二学期の間、文字通り本当に何もしていないにもかかわらず9である。

おそらく学校から何かしらの注意が入ったのだろう。しかしこれはあんまりではないのではなかろうか。成績が全てではないと思っている生徒がいることも、普通ならできることが

どうしてもできない生徒がいることも理解せず、「ただただこうすればいいんでしょ！」みたいなスネた態度が透けて見える。あまりにバカらしくて見ることも声を聴くことすら嫌だ。

それに二学期の間、言われた通り真面目に提出物を出し続けたのに、来てすらいないやつと同じかそれ以下の成績をつけられた人のことを考えると、逆に気の毒で理不尽でもある。生徒を晒し上げ、注意されたら謝りもせず成績を上げて済まそうとするあまりにもな対応。本当にどうしようもねーなと笑ってしまった。今も同じスタンスで教師を続けているのだろうか。

ひょっとしたら、実は実生活でもヘンタイなのではないのかと思えてきてしまう。

女性教師による「バカハラ」（バカな自分を自覚せずに、それを押しつけて生徒の知能発達を阻害すること）は本当に枚挙にいとまがなく、この本をお読みの読者も一度はこれを食らった覚えがあるのではないか。いや記憶のある人はまだ幸いである。ヤバいのは、それを自然に受け入れて忘れてしまった善良な人たちである。

◎「女子贔屓」の男性教師の話

さて次は、男子生徒からの「苦情」で本当に多い「女子贔屓《ぴいき》」である。なぜか小学校の男性教師は女子を贔屓にする。しかもそれを露骨にやるから「ヘンタイ」である。筆者Yは中学1年生男子で、受験して志望の私立校に通っている。これは彼が小学6年の時のことの記述である。

まだ純粋な心の残る小学生なら、授業中に、先生の質問に対して、自信のある解答を見つけた場合、「はい」と手を挙げて応えようとするのが普通だろう。かつての僕もそうだった。ある社会科の授業でのことだった。先生の質問に対して何人かの男子が手を挙げた。すると先生は女子を指して答えさせた。そして次もまた女子を指名して答えさせた。男子はガン無視である。

これは小学校に通ったことがある人なら誰でも経験したことがあることだと思う。先生は（特に男の先生は）明らかに女子を贔屓にする。しかも堂々と。なぜだろうかと思って、直接先生本人に聞いてみたが、その答えに驚いた。

「先生は授業中なぜ女子ばかりを指すのですか？」

すると先生は吐き捨てるように言った。

――知るか。

僕は唖然とした。先生がこんな答えをすることが許されるのか。ショックだった。自分で考えて判断して行動しているはずなのに、その答えは「知るか」である。ダメな大人に会ってげっそりした気分になった。そしてさらに考えた。まだ純粋だったから。

先生が女子を贔屓するのは、男子はいつも遊んでいて言うことを聞かずアタマが悪いが、女子は大人しく言うことを聞く子が多いし真面目に勉強する「伸び代」があると思い込んで、女子を主体に教育しようと思うからではないか。

いや、どう考えてみてもそりゃヘンだ。女子でも男子のようにずっと遊んでいる子もいるし、男子も男子なりに勉強している人もいる。女子だってゲームをするし、男子の中には受験勉強に追われている人もいる。だとすると、この先生が口で言うことは信用できない。相手が子どもだと思ってテキトーにすませばいいと勘違いしているのではないか。

女子を贔屓にする本当の理由は、ズバリ、女子が可愛く思われるからに違いない。男子のことも可愛いと思ってもらいたいとは思わないが、公平に扱ってもらわないとやっていられない。密室だからって、子どもの前で平気で自己中心的なことをする大人。嫌になる。やる気がなくなる。

女子を贔屓にすることだけではない。その根拠があまりに自己中心的であることに平気で

あることが理解し難くヘンなのだ。

一応「贔屓」と言っているが、やられている側からするとこれは「差別」に感じられる。男か女かで露骨にその扱いを変える。

教師はそう思われないように注意するべきである。またそうした感情を持たないように、もしくは出さないようにすることも大切である。

それでも教師の中にはそれを出してしまう人たちがいる。それは子ども相手だからか。「密室」の中であるからか。もしもそこに、第3者の大人がいたなら、教師は決してそんなことをしないであろう。

だから、これは子どもの前であるからこその「ヘンタイ」なのである。そして、子どもにそれを指摘されると不貞腐《ふてくさ》れるのである。ともあれ子どもはそれを見る。経験するのである。そして思う。「こんな人を先生と呼びたくない」と。

余計なことかも知れぬが、♫「む〜す〜ん〜で、ひ〜ら〜い〜て」の作曲者としても知られる社会思想家のジャン＝ジャック・ルソーは、その若き日の家庭教師時代のことを書いて、「美しい貴族の令嬢を前にして性欲を遮断したとき、そこにエクスタシーが起こる」と述べている。学校教師たちにも、このくらいの「教養」はあってほしいものである。

◎女子中学生の鋭い数々の指摘

今度は女子の意見にも耳を傾けてみよう。

私は中学2年ですが、学校には通っていません。いわゆる「不登校」です。でも、私は自分が不登校であることを少しも悩んでいないのです。それは、私は「ヘン」ではないからです。「ヘン」なのは学校の方だと思うからです。

今思うと、私が「学校ってヘンだな」ということに気づき出したのは、小学4年の頃でした。小学4年生というと、体が成長してきて自我が目覚めてくる頃だと思います。その頃からです。私が学校というところをうっとうしいところだと思うようになったのは。

私は体育の授業が大嫌いでした。まず整列。なんで「気をつけ！」「前へならえ！」とか何度もやらされるのか全然わかりません。

そもそも体を上手に動かすことが苦手で、マット運動の時などには、今考えると、これは流石に自分でもちょっと変だと思うのですが、倉庫にしまわれているとび箱の上で寝てたりしていました。

でも、何よりも嫌なのが「着替え」です。私は他の生徒のように要領よく早く着替えることができず、どうしても集合の時間に間に合いません。その結果、先生には叱られるし、友達にも「なんで急がないんだよ」と白い目で見られてしまいます。

でも、なぜ私は叱られなければならなかったのでしょうか。私のようにどうしても要領よく着替えることができない人もいるのに、短い時間に「着替え」を強制してきたのは学校の方です。

もう一つ。「宿題」ってヘンじゃないですか？　学んだことを忘れないための「おさらい」は大事だと思います。しかし同じ漢字を何回も写したり、永遠に同じような計算ドリルをしたり、それぞれの生徒の学習スピードや理解度に関係なく、全員に同じことをやらせるのは無理があると思います。人にはそれぞれに合った学習法があると思います。だから、漢字を1回書くだけで覚えられる人もいれば、10回、20回と書いても覚えられない人がいるのは当たり前だと思います。実際、私は何回漢字を写してもテストの点は上がりませんでした。ですから、宿題も、「今日習ったのはここだから、しっかり理解できるように、各人お家で好きにおさらいしてください」というのでよくないでしょうか。「この漢字はどうすれば覚えられるだろう？」「どのように使うのだろう？」と、自分に合った漢字学習法を模索するのも大切だと思います。

ですが、まあ、何が正しいかなんて、今の私にはわかりません。以上のことで私が伝えた

かったことは、学校は、「みんな同じ」を強制しすぎるということです。みんながちがっているのは当たり前です。なのに、無理矢理同じにしようとする。学校は何かを学ぶための場所のはずなのに、物事を押し付けるだけの場所になってしまっていると思います。

そんな学校って、やっぱりヘンじゃあないですか?

どうだろうか。「みんな同じ」の強制が嫌だと言っているのである。これは、これまでの日本人の子どもの「みんなと同じじゃなかったらいや」という指向性と全く逆である。だが「多様性」が謳《うた》われる時代にはかえって自然な感じがする。わかるような気がする。

また、漢字学習のことが出てきたが、この漢字学習の方法が、子どもたちの学校嫌い、勉強嫌いのきっかけの一つになっていることに気づかぬ人も多い。いくつかこの漢字学習について他の生徒たちの言葉を聞いてみよう。

◎無意味な「作業」と化した漢字学習

ある中学3年生の記述である。

漢字の暗記。先生は生徒に漢字を覚えさせたい。

そこで先生は考える→とにかくたくさん書かせよう。

先生は漢字を覚えさせるためにたくさん反復練習させたい。

それはわかる。わかることはわかるが、その要求する量が多すぎる。ここまでくると「学習」ではなく「作業」である。際限のない奴隷的労働と変わらない。同じ字を何度も書く。ただただ手が痛くなり、書くということ自体が嫌になってしまった。

これはどこかおかしい。どこか不自然な感じがする。でも純粋な小学生は義務として出されたら、他のやり方なんか知らないからこれを正しいと思うしかない。

さらに言われた通りに何度も同じ漢字を書いて、先生に見せに行くと、それを先生はじっと見る。そして言う。

「ここがちょっとズレてる」って。

「ズレてる」？ それって何？ とめ、はね、はらいを間違えてるわけでもない！ きちんと書いている。

僕は左利きだ。それでこれぐらいかけたら逆に褒めて欲しいくらいだ。言われた通り熱心にやるのがバカらしくなる。

もうひとり、中学3年生の指摘。

国語の授業で宿題が出た。来週の漢字テストのために漢字ドリルをやってきてくれと言うのだ。漢字一文字につき十回、一ページ二十六文字、という指示だった。

いくら何でも量がありすぎるだろうと思ったので、次の授業で「なぜここまで過剰に反復する必要があるんですか？　多くても三回ぐらいでいいでしょう」と先生に質問した。

すると先生は、「これだけやれば絶対に覚えられるでしょう」と答えた。なので、次に「でも漢字だけ一生懸命覚えても、その漢字がどういうシチュエーションで使われるのかを重ねて学習した方がいいと思うんですけど」と質問した。

すると先生は、「たしかにね。でもこれはやれって決められていることだからどうしようもないね」と言った。

ということは、これは先生も上にいる人によってやらされているってことなのか。つまり、先生が教えることはある程度決まっているということなのか。漢字学習一つに的を絞っても、効率のいいやり方というものはいろいろ沢山あるはずである。にもかかわらず、ただ書き続ける単純作業を推奨するという現象が起きているのである。そして僕たちはそのやり方に従わざるを得ない。キーボードで打ち込む時代においてである。それはなぜだろうか。

◎漢字学習の実は深刻な問題点

漢字学習が大切なことは当たり前であるが、その指導が悪いために多くの子が漢字学習を厭《いと》うようになってしまう。漢字学習が嫌いになるように教育が行われていることになっては本末転倒である。このほか漢字学習の話については枚挙にいとまがないが、コロナ下でこれよりもっと不思議な、いったい何が本当の目的なのか、その実際が垣間見られるような話も見聞したので以下に紹介する。

普通、漢字の宿題とは、漢字ノートに同じ漢字を10回ずつ書いてくるといったものだと思うが、なぜ10回なのか。子どもでも、これがその漢字を覚えることが目的であることはわかるが、どうして10回なのか。10回書けば確実に覚えられる。そうかもしれないがそうではない子もいる。逆に1回書いて覚える子もいる。いや、3回書いたら覚える子もいる。普通5回も同じ漢字を書けばそこで大抵バカらしくなってくる。だからそこから先は仕方がないから我慢してやる「作業」になる。我慢の練習になる。これは何のためか？

最近では、漢字練習帳が発達していて、ページの右上に大きく課題の漢字が掲げられ、その下に書き順をなぞる欄があり、さらにその横に上から文字をなぞるのがいくつかあって、さらにその横に10回書くスペースがある。

いや～ヤダね。超面倒臭い。単に漢字を覚えるだけのために、なんでこんな面倒臭いことをしなければならないのか。漢字は、1、2回書いてだいたい覚えるので良くないのか。

わけがわからんと感じるのは、高学年になってそれに気づいた連中。低学年の子はそれを当たり前のことと思ってやらされる。そんなんならキーボードへの打ち込み方でも教えてよ、と言いたくなるが、この謎の漢字10回学習は今も続いている。中学に入ると英単語10回綴り学習なんていうのもある。夏休みには、教科書の特定の10数ページの文章を5回写してこいという宿題が出ることもある。

これらは知能訓練ではなく作業訓練、つまり「学習」ではなく、「労働訓練」である。

さて本題だが、コロナのために学校が休校になった時、つまり生徒全員が不登校になった時、家庭学習用の宿題が多く出されるようになった。教師たちはそれを考えるために懸命になったことだろう。

ある小学校の漢字宿題でとんでもないものが出た。それは先の漢字練習帳に記入して学習するのではなく、漢字学習帳そのままのレイアウトをノートに写した上で、作業を完成させよというもので、先の面倒臭さを倍増させる精神労働的宿題なのである。もはや漢字を習得するための学習ではなく、漢字学習というものをまっぴらだと思わせることが目的であるかのような宿題である。完全にアタマがオカシイ教師の宿題であると思った。

ところが、もっと驚くことになった。都内の別の生徒との面談でこの話を出したら、その生徒の学校でも同様の宿題が出ていたのである。しかも、鳥取でも京都でも群馬でも同様の宿題が出されていることがわかったのである。つまり、これは全国規模で上から指示されたか、教師仲間で宿題に困ったときに見るサイトでもあって、そこにこのやり方の紹介があったりしたからかのどちらかであると思われる。

ともあれ、この宿題の出し方に「同意」した教師たちが全国津々浦々たくさんいたということである。

漢字を習得することが目的の学習とは、それに関係のない手作業を多く要求する労働を受け入れさせる訓練ではない。漢字は、アタマの中でしっかりイメージして一回書くだけで良いと思う。むしろそれで覚えられるようになる方法と訓練を与えるべきだと思う。

あまりに考え方が単純。

コロナ下で宿題を増やさなければならない→それには誰でもできるが学習に時間がかかるものを考えなければならない→授業以外の学習といえば「作業」である→漢字学習帳をノートに写させて多くの時間を使わせる。このように仕向けるのは、一見漢字学習にとっても筋が通っているように思われるし、また時間がかかる暇つぶし単純労働作業にはもってこいである。

こう単純に判断した「ヘンタイ」たちがこれを発し、またこれを受けているのである。そして、これを知ってこのヘンタイ性に気がつかぬ親が、それを子どもに「宿題」だと押しつけるのである。自分だったらその宿題をするか？　するとしたらなぜなのか。きちんと胸に手を当てて考えてみてほしい。

そもそも何で漢字ノートに鉛筆で書く必要があるのか？

——漢字ノートにはマス目があって同じ大きさに書きやすいから。それに鉛筆は間違えたら消しゴムで消して直せるから。

それでは何で習字の時にはただの白い紙でマス目がないのか？　また、それに筆で書くのか？

——それは習字の時だから。当たり前でしょ。覚える学習とは別でしょ。

でも漢字を覚えるための学習だったら、各人好みの紙に、各人好みの筆記用具を使って、各人好みの大きさに、各人好みに書くので良くはないのか。半紙に墨と筆で書くのは無理だとしても、裏が白い大きなカレンダーの紙か何かに、クレヨンやマジックや筆ペンやサインペンで自由に書いて覚えるのでは良くはないのか。逆にやけに狭いところに細かく記述するのが好みの子もいる。

漢字ノート使用は、それが好きな子だけにすればいいと思うがいかがか。

ともあれ、子どもに漢字の覚え方は教えないで、とにかく何度も反復的に書かせることが学習だと思い込んでいる。その愚かさのために、かえって多くの子どもたちは漢字学習を面倒くさい疎《うと》ましいものに感じてしまう。これは、やたらノート作りや文法記入にうるさい高校の古典授業のために、多くの生徒が古典学習を大嫌いになるべく仕向けているかのようにみられることと同根である。子どもの言語能力の伸長よりも、作業反復が国語学習だと思い込んだ「ヘンタイ人」たちによって引き起こされた悲劇なのである。

冗談だが、これもアメリカのCIAによる戦略の一つなのではないかと思ってしまうくらいだ。アメリカ人から見た日本語の最も嫌な点。それは中国同様、漢字を使うこと。お隣の韓国では漢字を廃止することに成功した。しかし、台湾ではとても無理。バイリンガルになるだけだ。では日本ではどうか、かなり英語に馴染《なじ》んできてはいるが、けっこう時間がかかってきた。しかし、ここへきて英語学習の開始を早めようという機運が高まり、日本語学習が未然のままに終わる子が多くなる可能性が高くなっている。ゆえに、これからも授業とテキストが日本語で行われる以上、より多くの子どもが、学年が上がるにつれて学習困難になることが予見される。

単なる漢字反復作業よりも、漢字の入った例文をきちっと発声・音読して、それを使って文章を書く練習をした方がよほど良いことに早く気づいてほしい。

◎英語が嫌いになる英語教育

次はどうだろうか。公立の中3男子の意見である。

僕は英語の勉強が大嫌いになり、成績が悪く苦しんできたが、そのきっかけは明らかにある女性教師の授業を受けたことである。

中学1年のことである。英語の授業で、動詞を習うことがあった。小学校の時点では文法を習ったことなど皆無だったから、配られたプリントに書かれた言葉すべてが初耳だった。

そのプリントの中に、「A動詞とB動詞」と書かれた欄があった。これは何だろう。つまり、「動詞」というものに「二種類」あって、それが「AとB」で区切られているのか、とその時は理解した。

その夜、先生から宿題として出されていたラジオ英語を聴いているとき、「Be動詞と一般動詞」という言葉が出てきた。Be動詞は名称として理解できた、しかし一般動詞とは何なのか、その時は全く理解できなかった。「A動詞」とは別のものが出てきたと最初は思った。

しかし次の授業になって先生は、「haveや~はA動詞」と教えた。混乱した。なぜならラジオ英語の方では、「一般動詞はhaveや~のこと」と言っていたからである。これはあとで考えると、単に先生が勝手に一般動詞のことを「A動詞」と名づけて得意になっていたというだけのことなのであるが、私にはわからなかった。どうしてそんなことをするのか今でもわからない。当時内気な性格だったことが災いし、この矛盾ともいえる謎は誰にも相談できず、小さいことながら、英語の不明さをますます深めていくきっかけになってしまった。

さらに中学2年生の時のことである。この先生は、「今日の授業は、いつもの単語テストとプリント、そしてその後で、先生の質問に英語で答えるスピーキングのテストをします」と言った。

授業における英語での会話は初めてだった。先生の机に順番に並び、出番を待つ。

ここで自分は、何とも言えない緊張に包まれてしまった。どんな質問をするのだろうか、間違えないようにしよう、ミスらないようにしよう、もしミスったら…ああ考えるな……。

出番がきて、先生が質問をした。「あなたは何かいいことが学校でありますか?」

言葉につまってしまった。付け加えるなら、頭の中に英語の単語が一つも浮かんでいない感覚だったのである。今まで英文を書くことや、空欄を埋めていくこと、単語を丸暗記することはやっていた。しかし喋るとなると、とっさに思いつくことができなかった。

すると先生は言った。

「もういい！　はい次！」

スパッ。体で心で、その感覚を感じた。よく分からず、曖昧な状態で終わった。おそらく感覚以外は、自分で何が起きたのか詳しくは説明できない。しかし数秒経つと、謎の落胆とやるせなさが胸の内からとめどなく流れ出てきた。先生は自分をバカの一種と認定してそれは覆らないと思った。

今考えれば、「Yes,I do.」とでも答えればよかっただけのことなのだが、間違いたくないと焦る気持ちと、どう英語で会話したらいいのかわからないという気持ちで葛藤した。繊細すぎると言われればそれまでだが、真に天使と悪魔、水と油のごとくそれらの気持ちは反発して消えることは無かった。

とにかく、僕の英語に対するヘイトは授業を重ねるにつれて高まっていった。

学校の先生の教えと、ラジオでの教えの矛盾。スピークテストでつまってしまった話。まるで英語が嫌になるように教育されていたとしか思えない。

◎授業の空気の話　その1　誰も手を挙げない教室

前項の中3男子の、英語とは別の社会の授業での話。


最近の中学では、授業中誰も手を挙げない。

自分の考えを口に出さない。

先生が問題に対して生徒に回答を要求してきた。この問いにあてはまる記号を選ぶ選択式問題だ。

簡単な当たり前の質問。何人かは答えを知っているのが当然そうな質問。でも誰も手を挙げないし答えない。先生も「誰か答えてよ～」とか言うばかり。ただじっと時間が過ぎていく。それでも皆が皆回答を拒否していた。

きりが無くて流石に気の毒だと思ったので、手を挙げて問題に答えた。

まだあの頃は、純粋で素直だった。

すると奥の方から、「でしゃばり」、「目立ちたがり屋め」という声が聞こえた。

心外だった。

次の日も、同じシチュエーションで問題に答えた。しかし今度は間違えてしまった。

すると今度も、「でしゃばるから間違える」、「ダッセー」と陰口が聞こえた。
なぜ、そんなことを言われなくてはいけないのか。ただ自分は問題に答えただけじゃないか。自分は、えも言われぬ孤独感と窮屈感に襲われ、次からは質問に答えようという気が無くなった。

生徒が意欲的に手を挙げないという異常な状況が起きている。学ぶ姿勢というものがなければ、教育というものは根本から成り立たないと思う。こうした環境をつくってしまう教育形態とはいったい何なのだろうか。

これは、必ずしも先生の問題ではなく、クラスのムードが悪いせい。「内申点」のために、生徒たちが、お互い疑心暗鬼になってしまっているのかもしれない。でも、どうしてそうなるのか。いじめの温床には、まずこうした空気があると思う。同じ部屋に閉じ込めて同じことをさせるから、みんなストレスを感じて、いらぬ差別感を生み出してしまう。

◎授業の空気の話　その2　「空気」は生徒を殺す

もう一つ、今度は公立中学2年生男子。

僕は、今の日本の学校教育で嫌だと思うところを大雑把に二点掲げたいと思う。それは、

①生徒の意思がない
②空気が悪い
である。

①に関しては、これは完全に教育が作り出したものだと思う。ここまで子どもに影響を及ぼす機関は他にない。「親」や「大人」や「社会」という説もあるが。生徒の意思を奪っているのは教育のあり方のせいに他ならないと思う。

なぜ①が教育によって作り出されたと思うかというと、小学校、あるいは幼稚園の頃から、先生に従っておけば何とかなる、先生に従っておけばいい、そういう風に育ってきた、育てられてきたので、先生の指示してることだけやって、先生の指示してないことはやらない、自分の意思など関係ない、ただ、上の人間の言うことを聞いてさえいればいいから何も考えないという習慣が身についてしまうからだと思う。この意味で、日本の教育は自主性を奪うと思う。

②、これが一番嫌いだ。しかし、そもそもそれを異に感じている時点で僕の負けなのかもしれない。学校の「空気」ほど恐ろしいものはない。それにより「殺され」ていく者もいる。少しでも全体の空気に背く者がいると、全員でそいつを「殺し」にかかる。先生も例外ではない。あくまで、多数なのはこちらだとして、先生も粛清の対象になることがある。僕自身、幾度となく殺されかけたが、最近は面倒臭くなって完全に無視している。

こういう連中には無視が一番効くものである。連中は殺そうとしても意味がないことを悟ると、クラス全員総力を挙げて、僕や、僕の友人諸君と関わりを持たないようにする。有難いことだ。何故なら、自らのことを嫌う連中と一緒にいることほど愚かなことはないと思うからだ。自分を嫌う連中と一緒にいて良いことがあるか？　いや、ない。ないはずである。

とにかく僕は、学校のクラスが作り出すこの全体主義的「空気」が大嫌いである。

「空気悪い」――この言葉は現在の学校教育の場を的確に言い当てている言葉らしく、ほとんどの生徒が同意する「重要語」であるが、その解説は難しい。後でまとめてやりたい。そこで先にその代わりに、次のカナダの学校に短期留学した中2男子の体験談を読んでいただこうと思う。その方がわかりやすいと思う。

◎教育環境の比較（カナダとインターナショナルスクールの教育）

学校はホームステイ先の家から徒歩3分のところにあったが、中に入ると驚いた。メイクをしてイヤリングをつけて派手な格好の女子と、身長180センチは軽く超えていそうな大柄な男子とすれ違う。先生について部屋に入ると、国旗に囲まれた部屋の中で、音楽をかけてスマホをいじって盛り上がっている者がいる。最初の授業の教室に向かう途中の体育館は朝からバスケットボールをしている人たちの群れがあった。ランチタイムになると、車で外食しに行く人たちもいる。

こうしたことは日本の学校では見られないことだ。僕がカナダの学校に来て最初に感じたことは、なぜみんなこんなに自由なのかということだった。日本では見られない自由な光景——僕はそれを好ましく感じていた。日本には校則があり、みんなと同じでなくてはならないという暗黙の「ルール」がある。しかしカナダでは、生徒みんなが自由で個性が溢れ出ているから、他の人と同じでなければならないと思うことがなくなる。そして、このことは自ら判断する力を養うことにつながっていくと思った。

しかし、これほど自由でも良いのだろうかという気にもなってくる。自由すぎる。授業中にスマホをいじって音楽を聴くのもありなんて。この自由すぎる環境でやっていくには自発的でメリハリのある行動習慣が欠かせないとも感じていた。

在校生とバディを組んで受けた授業がまた驚きであった。それは特定の授業を受けることが決まっているのではなく、自分で好きな科目を４つ選んで、それらを毎日80分授業で受けるシステムになっていることだった。自分の好きな教科を学ぶことができる――僕はこのシステムに衝撃を受けた。このシステムなら、生徒たちは自分の好きなことを毎日学ぶことができる。そうすれば嫌いな授業がなくなり、自分の好きな教科を学んで自分の長所を伸ばすことができる。そして、生徒も先生もやりたい授業をやっているから、活気があって楽しい授業になる。この教育だと、ある分野で突出した才能がある人が生まれやすいとも思った。このシステムは日本の学校も是非取り入れるべきだと思う。

その授業も日本ではあり得ないことの連発だった。まず最初に定期テストというものがない。カナダでは授業中に頻繁にテストが出されてそれが成績に入る。こうすると、定期テストのためだけに勉強することがなくなり、毎度の授業で学んだことがしっかり頭に入っていく気がする。そしてさらに、ペーパーワークだけが成績に関連するのではなく、授業でどれだけ発言したかということも成績に勘案される。授業中は日本と異なり、生徒同士のディスカッションが多く、先生から出される問いも答えのないようなものが多い。そしてクラスメ

イトは皆積極性があり、しかもフレンドリーだ。アイデアも恥ずかしがらずにどんどん提案してくる。こうした授業なら、創造性や行動力が育成されると思った。

田舎ということもあってか、学校の周りの環境も良かった。遊び場やスポーツをすることができる場所が多く、豊かな自然の中で勉強できる。学校も早く終わるので、自分のやりたいことをする時間が日本よりも多い。下校中にも自然の中を駆け回る小学生や、それ以上の大人でも、バスケットボールやスケボーに興じる人たちの姿が多く見られた。なんか街全体が自由な感じ。日本より、室内でパソコンで動画を見たり、ゲームをする人も少なさそうだ。とにかく日本とは違いすぎる。

結論から言うと、カナダの教育環境はとても魅力的だった。日本みたいに平均的に学力を上げようとするのではなく、自分の好きなことを見つけてそのことに集中的に取り組んで学力をつけさせる教育方法は象徴的な違いだと思った。

カナダの学校では、将来必要な能力が磨けて、自由でユニークで個性的な友達を作ることができる。つくづくカナダで勉強している人が羨ましく思えた。

どうであろうか。実はこの子は、小学校入学直前に米国から帰国し、公立小学校へは通わずフリースクールに通った。通ったと書いたが、それを選んだのは、つまり日本の公立教育を受けないことを選択したのは、Tくんの親である。

この人は外資系のコンサルタント会社にお勤めの人と思われるが、一度外資系の会社に勤務して海外滞在経験のある人は一般的に、まず日本の公教育を選択しない。とある名のあるフリースクールなど、気がついたら保護者の半数以上が外資系の会社に勤めている方であることも。なぜ外資系の会社に勤めると、子どもを日本の公教育に預けない選択をするのか。これについては後で書くが、読者にも考えてもらいたい項目である。

さてこの生徒Tくんは、小学3年になると、今度はインターナショナルスクールに籍を移し、そこに通うようになった。そして私の元に通って日本語古典音読と作文を学んだ。これはインターナショナルスクールに通うと、日本語の文章が書けないまま大人になることがよくあるので、そのことを踏まえての選択である。長年教育コンサルタントの仕事をしてきていると、たまにこういった判断力の高い親御さんに出くわすが、Tくんの父親の判断と選択はさらに私を驚かせるものだった。

中学からは受験して、私立の学校の英語コースで学ぶことを目指して、3年前の12月に海外帰国子女枠を利用して、まあまあの滑り止め校を確保した。これから2月初頭の本命一般入試の準備に精を出そうとしていると、ちょうどこの頃コロナが広まり始めて、無駄な外出はしないし、そもそもの入試がどうなることか全くの不明になった。

すると父親は、これ以上合格のための受験勉強をするのはバカらしいから、もうやめるという判断を下した。私は自分でもまあそうすると思ったが、これは「英断」だった。ところが、その次の判断と着想が驚きで、これは流石の私も思いつかないことだった。

それは、日本の学校に小学6年の3学期だけ「見学」に通い、そこがどういう所であるのかを実地体験してくるということだった。ここまで来ると、この父親（母親？）はかなり教育ということにおける「体験」を重視していることがわかる。

その通り、あらゆる学習の元は実際的体験と価値判断の経験の集積である。そして同じ「体験」なら、意味がある体験を子どもに与えようとする、優れた教育環境設定の見本の一つであると思う。ただ日本の教育を避けるだけではなく、それを実際に体験させる。驚くべき親がいるものである。以下は今回、生徒たちの過去の作文のコピーの束を調べて見つけたものだが、3年前にTくんが、日本の学校に通った時に書いた文章である。

インターと公立小の違いをお伝えしたいと思います。
それは、①授業風景　②宿題　③先生についての3つについてです。
まずは授業風景。インターでは授業のほとんどがグループワークで、先生は生徒たちに考

えさせるために、自分からはほとんど動きません。そして、主にコンピューターを使うので何かと作業の進行が速いです。それに比べて日本の公立小では、授業と言えば、ただ黒板に書いてあることを写すだけで、全然頭を使わない。そして、僕が一番驚いたことは、手を上げて発言する人がいないこと。インターでは皆手を上げるのに公立小ではそれがない。僕にはこれが日本人の性格なのかと思えてしまう。だからこそ日本人は行動力のある人が少ないのだとも思った。

次が宿題。公立小の宿題を見てまず思ったことは、必要のない宿題が多いことだ。漢字の宿題には衝撃を受けた。あまり細かく覚える必要はないと思われる筆順をものすごく長く練習させる。同じ漢字も何回も書かされる。これは意味がない練習だ。それにそれをやらされている他の生徒たちを見ると、多くは筆順なんてメチャクチャで、考えていない。よく覚えているかどうかも怪しい。単なる「作業」。なんのためにやっているのだろうか。

インターの宿題は核心を問いかける難しいものが多く、ものすごく考えることをしなければならないこともある。でもその結果、課題内容をよくマスターできるようになっていて、役に立つ意味のあることが宿題になっていたと思う。

最後に先生についてだが、先生の質は公立とインターでは大きな差があると思う。公立の先生は、上に言われたことをただやっているだけで、自分がやりたいことができていないと思う。もしかすると先生も、このやり方に納得していないのかもしれないが、公立の授業は型にはまっていて面白くない。自由がない。

だが、インターの先生たちは皆実に楽しそうに授業をしている。授業が楽しいので理解もしやすいし、生徒も積極的に発言する。日本の教室のように誰もが黙っているなんてことはない。いつもたいてい賑やかで活気がある。

結論を言えば、インターで学ぶことは将来使えそうなスキルで、しかも雰囲気は「自由」で楽しい。日本の学校で学ぶことは無意味で無駄なことが多く感じられて、しかも窮屈でストレスを感じるということ。

世界で活躍する日本人が少ないのは、日本の学校教育のせいなのは明らかなので、僕は将来こうしたことを変える仕事がしたいと思う。

第二章

生徒を圧殺する公立小中学校の教育の実態

◎生徒たちの悲痛な叫びが満ちている

ここまで、小学6年の担任との対立と運動会後のクラスのムード悪化で居場所がなくなって不登校を選択した話、露骨な男女差別をする教師の言動への幻滅の話に続いて、ノート(数学の！)の提出を義務づけて成績で縛ろうとする能力不足教師、多様化を認めずに相変わらず「みんな同じ」を強制する教育の矛盾の指摘、自分が担当する教科で生徒が落ちこぼれるような指導をしていることに意識的ではない教師への批判、男子中学生のとどのつまり「空気悪い」の意見、同じく私立中通学者が短期留学で垣間見た、海外の学校と比較した問題点、あるいはインターナショナルスクール通学経験者から見た日本の学校のダメな点について、実際に彼らが書いたものをお読みいただいたが、もうこれだけでも十分だとも思えてしまう。

これは本当に「あるある」なことなのである。この話を聞いて、自分にも似たような体験があると口にしない子はまずいない。

でもわからないのである、これがどうしておかしいのかを。昔と同じことが行われているだけではないかと思う方々が、この国の自ら「常識」があると「錯覚」して生きる人間の大半らしいのである。これに言葉で反駁《はんばく》して説得することはできない。だからこそ我々は、そうした意識を今の子どもに無意識的に押しつけようとすることを「ヘンタイ」と呼ぼうとするのである。もはや、くすぐって悶絶させなければわかってもらえない次元にあるのが、この教育の現状なのである。

皆さん、これはすでに東京都市部では当たり前の現象なのです。教師の質の劣化、意味のないことの強制、システムのおかしさ、こうしたことが拡大して止まることなく、不登校者と特別支援学級選択者が劇的に増加している。そして、いよいよ完全に公教育に見切りをつけた余裕のある親たちは、私立中受験に走る。いや、これまでも公立中を選ばない本当の理由はそうだった。今春、私立進学率全国ナンバーワンの文京区から、茨城県の私立の中高一貫校に合格して景色の良い寮生活を満喫している生徒は、「いや〜バカな先生がいないっていうのは本当に精神的に楽なことですね」と口にした。しかし、これはあくまで選抜のある学校での話である。

クラスを統括する学校の先生の言うことを聞く。これは必要なことかもしれない。しかし、その先生の口にすることや判断することがオカしかったら、その指示に従うことは苦しいことになる。ストレスを与える。そして、もしそれに従ったとしてもアタマが良くなることはない。むしろ逆である。バカな大人の話を黙って聞いていれば、アタマが悪くなるのは当然である。そして、そのことを本能的に察知した子どもは「不登校」になる。

統率をするのにその能力がない。いや、そもそも30人もの子どもをまとめて統率することなんて、もはやできない相談の時代である。

ゆえに、ルールを細かく決めてそれに従わせようとする。しかし、もしその「ルール」に矛盾があれば、それは即座に整合化されるべきであるがなぜかそれはなされない。ルールの上に新たなルールが加えられるだけである。それは抽象思考と全く縁がないフツーの大人だからである。

子どもたちにとっては、良くない、あるいは意味がないと思われるルールに従うことを強制されればそれはストレスになる。また、同時に論理思考への信頼を奪われる。

しかし、ここまでお読みいただいても、かつて自分たちが受けた教育のどこが悪いのか。教育のおかげで読み書きができるようになって学校を卒業して職に就くことができたではないかと思われる方もまだいらっしゃると思う。それはそれなりに理解できるが、でもその人たちにこそお伝えしたいのだ。今の子どもたちの多くは現状の教育を「空気が悪い」耐え難いものだと感じているのだということを。これは「事実」であり、増加する不登校者はその証左なのである。そしてこれは子どもや親のせいではない。学校教育のヘンタイ性のためなのである。

よく考えてみてほしい。

子どもたちを集めて子どもたちに楽しく学ばせることができない。

逆にストレスを与えている。

そんなバカなことがいつまで放置されれば気がすむというのか。

それこそ本当の「ヘンタイ」である。

そして、その「ヘンタイ」を子どもたちに押しつけているのが我々大人である。

ともあれ、以上の意見をまとめると、教師の質の劣化、全体統括思想的な学校システムの旧態化・劣化、そして新しい発想や観点の欠如ということになるが、では一体どうしてそういうことになってしまったのか、些《いささ》かその考察を試みたい。

◎教師の質の劣化

世の中の人の多くは、何らかの「階層」を上りつめることを「目的」として生きていることが多いと思う。例えば家が貧しい状態にあるときは、なんとかそれを脱しようとすることが努力するバネになる。そうではなくとも、より豊かな暮らし、さらにはその先の「セレブ」とか社会的地位を夢見る人もいるかもしれない。その逆を目指す人はまずあるまい。ソクラテスやキリストやブッダになってしまう。

ともあれ、ふつう人は「階層」を上げるために努力する。

第二次大戦前、尋常小学校を卒業して旧制中学校に進む者はそのごく一部だった。その中から旧制高校に進むことができる者はまたその一部だった。旧制高校に通学するためには、下宿か寮生活をする必要があり、それは割と裕福な状態の家でなければ不可能なことだった。では尋常小学校から中学校に進んで、優秀だが家が貧しい者はどうするのか。その多くは地元の師範学校に通い、教職に就くのである。

つまり、貧しい家庭だけれども真面目で優秀。だから地域の先生になってそれなりの地位を与えて働いてもらう。これは良いシステムである。「合理的」とも言えよう。

第二次大戦後もこの傾向はしばらく続いた。地方在住で自分の家はあまり裕福ではない。でも勉強はできる。だから生活が保障される教師になる。公務員になる。こう考えて教職を選択した人も多かったはずである。つまり、教師は一応その地域では一般より学力の高い人たちだった。そして、そこに若干の「聖職味」も帯びて、儒教思想ベースの社会にうまく溶け込んで機能していたとも言える。

しかし、今はどうだ。優秀な者のほとんどは教育学部など選択しないし、たとえ教育学部に通ったとしても職業選択の道も多様化した。だから、教師になるのは、親も教師だったし、そうしていくしかないと思った人も多いはずである。また、地方の公立トップ校などに通い、優秀かつ資力のある者たちは、東京、大阪、京都といった大都市にある教育機関に進学することが可能であり、そうして郷里を離れた者たちの多くは、都市で生活し結婚し、地元に戻ることはまずない。この結果、地方都市はともかく、都市部では、教師より親の学歴が勝るケースも多くなり、教師は必ずしも知的尊敬の対象ではなくなり始めた。しかも、それが「劣化」して人間的尊敬の対象にすらならなくなったことがわかれば、そこで親たちは、子を思う親の一人としての「決断」を迫られることになる。それは、もうダメな教師が多い公立教育を利用せずに、私立の中学校を目指して受験勉強させるということだった。

そうでなくても「世の流れ」。お金にそこそこ余裕があって先に言った「上昇志向」の人は、当然のように私立中受験を選択する。公立教育を見限る。おさらばしようとする。それは今ではもう当たり前の現象になった。お金のある家は私立を選択する。そして、それはかつて自分の子どもがまあできると思うような親たちに限られていたが、それがだんだん加熱して裾野を広げ、そもそもは、より上級の学力を求めての中学受験であったはずのものが、あたかもとにかく公立中を避けることを目的にするものに変貌していった。

生徒が教師の言うことを聞かない「学級崩壊」が起こるようになってもう30年以上が経過した。河上亮一氏の『学校崩壊』(草思社)が出版されたのが1999年。「いじめ」の問題で、教師の管理責任が問われるようになってからもそのくらい経つ。そして、その間に起こり始めた「不登校」はもはや爆発的に増え、学校の実態が「託児所」であることをいよいよ露わにしたと思われる、そもそもの目的とは異なる「特別支援学級」は希望者が増えすぎて「パンク状態」という有《あり》様《さま》。これらがすべて、現行学校教育システムによる「ストレス」のためであることは明らかなことだろう。そこには、生徒たちの現状の学校教育が「嫌だ」という声の集積がある。これはある意味、刑務所の暴動の原因に近いニュアンスをもつ現象だと思う。

子どもたちを集めて楽しく学ばせることができない。逆にストレスを与えて不健康な精神状態に陥らせる。

もし未来社会を構成する子どもたちを育てる教育の場が、それを容認するのであるなら、それは万死に値することではないのか。

客が「不味《まず》い」と言っているのに、料理も調理の仕方も変えない外食産業があったら、すぐに潰れるのは明らかである。

でも、教育では「客」の意見を無視できる。

なぜなら相手にするのがまだ「味」も何もわからぬ、そういうものだと思い込まされる子どもたちだから。そして、その親たちもその「ヘンタイ」に気がつかないから。世の中が大きく変わってしまったのに（変わろうとしているのに）、自分たちと子どもたちとの間の時代的「時間差」を認識できないから。自分たちが信じられないほど古い考えに「洗脳」されていることに気がつけないから。これからさらに加速する未来社会への変貌を予見しないから。

教師の質の劣化——これは絶対に新聞が書かない、いや新聞記者の能力の劣化と同様に書けないことであるが――さらに正確に言うと、教師の中に、能力的に仕事に不適格な人が多くなってきているということである。これは全体的な質的劣化も意味する。そして、メディアはなぜかそれをできるだけ隠そうとするのである。メディアは書かない、あたかもかつて統一教会についてと沈黙したように。だからこそ私がここに書く。だが、それはメディアでは紹介されない宿命にあるのだ。

先にも書いたが、今や都市部では教師は決して学歴的に高い職業ではない。そのことは、教育学部が、入試難易度では法学部や経済学部などより低位にあることにも表れている。豊かになったこの国では、教師は能力が高くはない人がなる職業になっている。

◎「起立！ 礼！ 着席！」のヘンタイ教育システム

公立校の教師たちは公務員である。公務員たちはすでにある仕組みの下で、「上」からの指示に従って勤務、行動することが仕事であるから、そこでの「能力」は、上位の指示通りにできるかどうかということで決まってくる。

日本の教師に与えられた使命、それはクラスをまとめて授業を行うことであるが、そのためにはまず「統率」が実現されなければそれは不可能である。

教師がクラス全員を前にして授業を行う。生徒は全員その方向を見て先生の話を聴く。これを素晴らしいことだと思う人も多いかもしれないが、しかし、そのためには、それに先行する「統率」が必要であることを忘れてはならない。

朝礼における「気をつけ！」、「前へならえ！」、「休め！」、教室における「起立！　礼！　着席！」。これらは何のために行われているのであろうか。それは「礼節」ではなく、「統率」のためである。もしくは「礼節」に見せかけた「統率」である。何しろこの国の教育は「統率」がなければやっていられない「仕組み」になっているのであるから、そのためには、号令をかければその通りに言うことを聞いて行動するように仕向ける必要がある。これは犬の「待て！」「お座り！」「お手！」の躾《しつけ》と同じことではないか。

教師の仕事はクラス全体の統率である。生徒をおとなしく着席させて、黒板に書かれた文字をノートに写させ、黙って自分の話を聞くように躾ける。とにかくこのことが任務の柱だ。こう思わざるを得ないのが、この国の教師たちである。そして、そこでは「戦死」する者も出てしまう。

しかし、この明らかに全体統率的教育を、右寄りの人はもちろん、「左翼」と言われる人たちもやめることはなかった。日の丸や君が代は拒絶しても、「起立・礼・着席」は当然のように受け入れた。それはこの国の教育システムが「統率」を前提にしているからである。その意味で、実は「起立・礼・着席」は教師たちのためにあるのである。

慶應義塾大学ＳＦＣ（湘南藤沢キャンパス）教授の安宅和人氏などは「起立・礼・着席などはすぐにやめてほしい」と口にするが、これを言われて、「えっどうして？」「どこが悪いの？」「それがなければ始まらないじゃない」なんて考える人もまだいらっしゃるみたいだ。だが、実はこんなこと、欧米など諸外国にはないし、米国人教師はこれを目にして「なんだ、これは？」と笑う。「気持ち悪い」、「不気味」と口にする人もいる。逆に、私が会ったサウジアラビア教育関係者が、これを絶賛するのには驚いた。イスラムでは考えられないことであるらしい。「文化のスタイルの違い」と言えばそれまでだが、日本の教室で教える外国人教師たちは、「ハロー」と言って始めたりする。「スタンダップ！」なんて絶対にやらない。彼らから見て軍隊でもないのにそれをするのは「ヘンタイ」なのである。

都内のプロテスタント系の女子校に通う生徒は、先生が入ってきて「始めます。よろしくお願いします」と言うと、生徒たちが「よろしくお願いしまーす」と言って授業が始まると言う。これでどこが問題か。かえって教師と生徒の関係がナチュラルな感じがしまいか。それをいきなり「起立・礼・着席」とやってしまえば、もうそこでは軍隊の指揮官と兵隊のようなニュアンスの関係になってしまって、ここに生徒の自主性は全く無視されることが宣言されたに等しいことになる。まず、楽しくない。またこの「ヘンタイ」が大好きで、このことのために教師になっている者すらいるらしいから厄介である。

テレビなどの映像で、北朝鮮の人々が、集団で規律正しく見事に踊る映像を見たことのある人がいるかもしれない。あれを見て、ちょっと気持ち悪いと感じることはないか。軍隊ならわかるが、一般の人たちまで統率されるのを見ると、何か哀れというか妙な違和感があるのはなぜだろうか。

「気をつけ！」と言われてそれに従った時、アタマの中にあるのは次の「指令」を待つことのみになる。何も考えない。それは何も考えるなという「指令」に等しい。つまり「気をつけ！」を習慣づけられすぎると、自分から考えること、発想することが阻害される。しかも教師の中には、やり方がなっていないとして授業を潰してその練習をさせる者もいる。そして、それが政治的立場の「右左」に関係なく受け入れられているという不思議な事実。これだけでもヘンタイな感じがしてしまう。

英語で「気をつけ！」は「アテーンショ〜〜ン！」（テとショにアクセントがある）と言うそうだが、これは学校ではやらずに、軍隊に入って初めてやるそうだ。つまり、日本の学校では軍隊に入ってから学ぶはずのことを、その前から教えていることになる。それを小学校に入ると、いきなりやられてしまう。前述したが、外資系企業に勤めた人が日本の公教育を選ばないのはまさにこのためである。それは端的に言えば、「起立・礼・着席」教育に嫌気と無意味さを痛感するからに他ならないだろう。

なぜ、子どもの能力開発と何ら関係ないことをわざわざ強いるのか。

そう思った瞬間、日本の公教育は捨象される。考えられない「対象外」ということになる。

おわかりだろうか。つまり、全体統率教育のためには、その前に「洗脳」が必要であり、そして、その「洗脳」はやられている側だけではなく、やる側にも効いていなければならないのである。そこを「ヘンタイ」と気づけるか否かが「分かれ目」の一つになっているのである。それは、この国を外から見た時に明確になり、中の子どもたちを「不登校」にする。

実は、学校でこの「起立・礼・着席」をやっている、あるいはやっていた国は、世界で日本以外には４カ国あったそうだ。まず韓国と台湾、つまりいずれもかつて日本の占領統治下にあり、現在、米国の安全保障下にある東アジア地域の国である。だが、韓国では２００４年、「日本帝国主義時代の残滓《ざんし》」ないしは「権威主義的慣習」として、これを政府通達でやめるように指導している。中国では、「起立」はあるが、「礼」ではなくて、「こんにちは生徒諸君」―「こんにちは先生」と言って着席するそうである。北朝鮮では何をやっているのかはわからないが、これに相当することをやっていることは当たり前だろう。

どうも儒教的な文化が背景にありそうであるが、日本ではそれが服従を強要する軍国主義的教育と結びついて強化されて「定番」として定着したまま、今日に至っているようだ。なぜそれが残ったのか。それはこの国の教育スタイルが、必要としたからである。

◎21世紀に「儒教的価値観」!?

江戸時代には、人々は椅子や机ではなく座卓を用いて床に座って学んでいた。この時代に「起立・礼・着席」があったろうか。いや「揖《ゆう》」(会釈)くらいはあったかもしれないが、そもそも公立の学校というものがなかった。あったのは、藩校や寺子屋、そして先生を囲んでの会読会。「起立」をするようになったのは、明らかに明治維新後の「学制」以降のことだろう。明治政府が行った教育のコア思想は儒教主義的色彩の濃い「教育勅語」であり、とにかく皇祖皇宗を信じ、そのために学び働けということ。これは、やがて軍国主義的教育においても、実際に戦地に人を送り込む名目にもなって機能した、明らかな全体統制教育であったと言えるだろう。そして、そのコアにあるのは儒教主義思想である。その「号令」が「起立・礼・着席」である。

しかし、教育勅語には「礼」の文字はない。「礼」については語らない。ただ皇祖皇宗に従うことが正しいと教える。

「礼節」と「従順」は、実は異なる概念である。

「礼節」には「真心」が伴い、「従順」には「諦念」が潜在する。「礼節」は意識を鮮明にし、「従順」は意識をボケさせる。

だが、その「分別」は、幼い子どもたちにはわからない。そこには「習俗」があり、それを抽象化した「文化」がある。

その残滓が「起立・礼・着席」や「気をつけ！　前へならえ！」であるかと思われるが、これが続いたのはこの国の教育が「統率」を旨とするものであったからである。教師も生徒もそれに気づけなかったからこそ、苦しんできたのである。でも多くの人は「礼節」と「従順」の意味の分別を捨象した。考えることができなかった。

繰り返すが、全体授業をするには全体統率が必要である。

しかし、全体を統率するには、それに多くの者が合意しなければならない。それが受け入れられる文化的背景が必要であった。

それは、統一教会と仲が良かった自民党も大切に考える家父長主義的考え方であり、それは儒教思想を元とするものだった。さらにそこには日本人の集団内の他の者の判断に敏感に反応する、自己判断よりも他者判断を優越する「習性」があった。

オリンピックの開会式入場行進で、軍隊でもないのにやけに見事に整列して行進してくる民族を見ると、そこに「素晴らしい！」という賛嘆の気持ちと同時に、「なんかヘン」という違和感に似た感情が起こる。何が「ヘン」か。それは全員が同じになることである。みんなが全く同じ、それはどこかヘン。誰もが違うはずであるから、集団でもちょっとは違う感じがするはず。でもそれがないのは、そこに意識的な「統率」があるから。体育の授業で全員が同じジャージを着るのはなぜなのか。それはそう決められているから。それを守らされているから。なぜって、「上」がそう決めているから。

第二次大戦前は、5人兄弟くらい当たり前で、中には10人兄弟という家もあった。それが年代とともに、2人兄弟が普通となり、やがては一人っ子が2割を超えて、今やほとんどの子が長男か長女である。「少子化」である。そして、郷里を離れた親同士の結婚による都市生活核家族化である。

この生活環境の変化が何を与えるか。兄弟が多い昔は、「お兄ちゃんの言うことを聞きなさい」と言われて外で遊んだ。つまり、上の者の言うことを聞くという絶対的な「上下関係」が家庭内に存在した。しかも、家で唯一生活費を稼ぐ父親は立てられるようになっていて、家事教育は母親が担った。さらに多くは祖父母が同居し、親がそのまた親を立てることも、実際に見聞できる儒教的体験の機会があった。

それが今はどうだ。普通さほど広くない家に3人か4人で住み。子どもたちは一人ひとり思いのままに遊んで育ち、幼稚園でも「上下関係」なんて学ぶことはほとんどない。おまけにパパとママの間では、多くは「上下関係」が逆転し、ママの方が「上」のお家もある。ママは外で働くことが多く、家事は分業になっている。そこには「上下」という関係がなくなっている。そうでない家もあろうが、大抵は「対等」や「共存」といった感じだろう。たまに連絡を取る祖父母は遠い存在。各々の生活に忙しくて、年に何回かしか会えない。

言うまでもなく、この生活環境には儒教主義的文化が全くない。外へ出て人と接する時、つまり、子どもにとっては学校に入った時、いきなりそのことの了解が前提で教育が開始される。ついていけない子どもが出てもおかしくはない。そのことがわからない。しかし、「躾」とは全体を対象にするものであろうか。そうではなくて個々に対して行われたものが集合的に「躾」になるのではないのか。そして、その背後にはそれを良しと判断する価値観たる「文化」が存在するのである。そして、今やその「文化」は中心点を失い多様化し、バラバラな価値観の上に成り立っている。その環境で成長した子どもたちに、どうして学校だけが一括《ひとくく》りに儒教主義的「上」と「下」の文化観を押しつけることができようか。

それはできない相談なのである。できない時代になってしまっているのである。そして、その結果として、生徒も教師も死にそうになるわけだ。

「上下関係」の了解なくして儒教主義的教育は機能しない。しかし、学校はそれをやらざるを得ない。教え込もうとせざるを得ない。そうしなければ授業ができない。お上たる文科省さまに顔向けできない。

この儒教主義的上下関係を前提にした全体統率型の授業形態が、少子化と核家族化の生活環境で育った子どもたちに対して、機能しなくなっていることが問題の根底にあると思われる。そして、これは教師たちの多くと「教育委員会」の目には、各家庭の「躾の欠如」と映ることになる。そうすれば、彼らに「責任」はないことになるが、それでは何のためにその役職を務めているのかさっぱりわからない連中であると言わざるを得ない。

◎全体統率を強いる「致命的」教育システム

全体授業がしたい。でもその前の全体統率は無理である。子どもたちが嫌がる。言うことを聞かない。不登校になる。

でも全体授業しか道はない。それが現状、この国の教師の使命だ。いや運命だ。しかし、もしそれが可能となるなら、その時には授業が子どもたちにとって夢中になる、かなり面白いものでなければならなくなる。

非常に面白いことであれば、ほとんどの子どもが注目する。

でも、これもほとんどの教師には無理なことである。できたとしても「いつも」というわけにはいかない。

総合学習の時間が機能しなかった主因は、現場の教師の能力不足にあったとは、文科省役人の弁である。

学力低下の要因を「ゆとり学習」のせいとしたのはメディアである。

それより、とにかく子どもたちを制圧する方がどうも手っ取り早い、それしか手がないと考えざるを得ない。

一方、子どもたちの方は、自由にテレビやYouTubeのチャンネルを選択して自分の見たい、最高に面白いと思うものを見ることに慣れているので、よほどフレッシュな印象を与えなければ簡単には乗ってこない。

とにかく全体授業を実現するには、全体統率が必要なのにそれをすることはできない。

この「ジレンマ」が、教師の精神疾患の主要な原因である。

教師も生徒も苦しむ。

なんでこんなことを続けているのであろうか。

高度成長期前、教師の待遇は悪くなかった。給与はそこそこいいし、夏休みという長期休暇もあったし、人々の間にも学校の先生を立てるムードがまだ十分残っていた。それがどうだ。給与水準は上がらず、勤務時間は異様に長く、しかも教育現場は崩壊気味で、常に精神的危機に追い込まれる危険性がある。一種の「戦場」であり、「戦死」する前に自主的に引退する人も多い。

教育について国際的に評価が高いフィンランドでは、教員採用倍率を10倍以上になるように定めているそうだが、2021年に文科省は、教師の採用倍率が2倍近くまで下がったことの対策の一つとして、教員志望の若者へのメッセージのために、Twitter内に「＃教師のバトン」というハッシュタグを立て、教育の現場の良いエピソードなどを匿名でツイートしてもらうプロジェクトを始めた。しかし、ここには、「過酷」、「考え直せ」、「お勧めできません」、「残業代出ない」、「ふざけるな」、「こんなこと無意味」、「もうやめました」などの投稿が殺到し、文科省は慌ててこれを閉鎖した。自分たちは何もしないで、現場に命令するだけ。それに対する反発を予想できないところが「ヘンタイ」なのである。

なんとか大学紛争が収まったのが、1970年代。センター試験の前身の共通一次試験が開始されたのが79年。今から40年以上前のことになる。ここからいよいよ大学受験生は、試験といえばとにかく選択肢試験ということになってしまい、自分で答えを考えるのではなく、正解を選ぶための暗記学習に走らざるを得ないことになる。

80年代に入ると「いじめ」や「校内暴力」が多発し、これを管理強化で抑えると、90年代には教師が生徒のコントロールを失う「学級崩壊」が多発し、やがて、これを落ち着きのない一部の生徒のためだとして彼らを特別支援学級などに送り込むようになった。授業はいよいよつまらなくなり、不登校を選択する者が増加していった。精神疾患を患う教師や中途退職する教師も増加した。そうして学校の「空気」は悪くなった。いったい何が悪いのであろうか。

生徒たちに意見を書かせると、とかくその目の前にいる大人である教師に攻撃の目が向けられるが、それは受刑者が刑務官を、デモ隊が機動隊員を非難しても無意味なことと同じである。教師たちはそれをやらされているのであって、自ら進んでそれをしているわけではない。そして多くは疲弊している。

戦場で向かい合って戦っている兵士同士は、実は相互に何の関係もない。彼らは、彼らの「背後」にいるものによってそうさせられているのである。教師もそうだ。彼らは公務員としての「任務」を遂行しているにほかならない。

教師が「劣化した」と書いたが、実は「劣化させられた」と表現するのが正しい。

それは、教師たちの一部に不適格な人がいるという意味であって、教師全部がそうだと言っているのではない。

しかし、我々は、有能な教師が職場を去りがちであり、そうでなくとも精神疾患に罹《かか》り、教員採用倍率が劇的に低下していることを知っている。そして雑事への対処と報告に追われる長い勤務時間のために、授業や生徒のことを考える余裕がない。生徒たちから目が離せない女性教師たちは膀胱炎になる。こんな状態では、教師が教師らしく活動することなどとてもではないができない。教師がその仕事を通じて能力を高めていくこともできない。これらはすべて監督官庁の文科省、ひいてはそれを動かす政治家の責任だと言いたい。彼らのやりたいことはまず「統率」であって、能力伸長のための「教育」ではない。

生徒の能力伸長よりもまず「統率」。

でも、その「統率」はもはや無理な時代。

「統率」が外れれば「爆発」になる。

「不登校」を選ぶ者に対する「統率」は不可能。

教師たちの方こそ学校で行われていることの矛盾を痛感しているのだ。教師たちの方こそ「不登校」になりたいのである。私がこの本の制作を企画しているという噂を耳にすると、何人もの教師たちが、「オレにも書かせろ。言いたいことは山とある」と言ってくるし、ある小学校の女性教師などは、「私なら何冊でも書けてしまいます」と名乗ってきたりする。すでに勝手に執筆を始めている者も出る始末で、実はこの本の続編として『教師たちから見たニホンの教育、ここがヘンタイ！』を作ることも、私の中ではすでに決定してしまっているのである。

◎公立中学校の惨憺《さんたん》たる現実

小学校はもとより、それに続く公立中学校の実態はもっとひどい。私は学者ではないので、過去の結果を集積する「データ」は用いないが、目の前の生徒たちからの「最新情報」によれば学校の状態は通常どこも悪い。たまに良い状態らしい、つまり「不登校」がほとんどいない学校もあることはあるが、多くの学校は子どもたちにとって疲弊して通うのが苦しいところになっていることがわかる。

だから、中学生のお子さんをお持ちの方で、子どもから学校について問題を訴えられていない親は「運」が良いと言える。また一方で、この「運」の確率を上げるためにすでに私立中学校を選択して、これに通わせる親たちがいる。また、学校で意味のない授業を長時間我慢して聴くストレスから、家へ帰ると夢中になれるゲーム依存に陥る者も多くなる。そして生徒たちの話では、教師たちも家ではゲームをしているに決まっているとのことである。

都内都市部で公立中学校に通う子どもたちはどういう子どもたちだろうか。

まず、発達が早く成績が割と優秀で、親にそこそこ資金がある家の子どもが進学塾通いをして、進学校などに抜ける。また、資金がなくとも中高一貫公立校の適性検査に相応しい教育を与えればそこに抜けることもできる。私立中受験は複数回受験するのが当たり前になっており、昔のように志望校に落ちたから公立で「捲土重来《けんどちょうらい》」を図るなんてことは少なくなっている。

とにかく、そこには公立中進学を見切る判断をした親たちの子どもがいて、彼らは公立中に進学しない。特に都市中心部の家賃の高い地域では半分近くが公立への進学を選ばない。海外勤務経験者たち同様、彼らにとっては、この国の公立中学校へ進学させることは、わが子を刑務所に入れるようなことを意味する。また上の子が公立中で酷《ひど》い目に遭う経験をすれば、下の子はなんとしても私立中に入れようとする親も出る。

すると、公立中に通う生徒は、それらが全部抜けた後の、やや奥手の子どもや親に私立を選択する意識のない子ども、あるいは、おそらくかつて自分たちも受けたことがある、居住地域の公立教育を信じる道を選んだ親たちの子どもということになる。そして、そこに親が教育資金を持たない子どもたちが含まれる。

彼らの中には学力の下位集団を形成する者が多々交じっており、この者たちは基礎学力がないために授業についていくことができない。そのための「基礎学力」は、本来小学校で身につけてくるものであるはずだが、小学校では教師の「能力不足」により、学級崩壊を経験していることも多いから、算数学習などはある学年での学習が滞ったままになっている子も多い。これには、学校では力がつかないから、算数計算、漢字作文などの基礎学力を市井《しせい》の学習塾で埋め合わせておくということを考えなかったご家庭の子、もしくは生活に手一杯の家の子が多く含まれる。この人たちはこのままいくと、（政府の腹案通り！）社会の「下部」を支える人材になる可能性が高い。昔の軍隊で言えば「兵卒」か。

さて、では「中位集団」は、どのような子たちによって形成されるのであろうか。これも一概には言えないが、その中には、まだガキで、テキトーで真面目に勉強せず平常点が取れないタイプの生徒がいる一方で、素直でおとなしく、よく躾けられて、大人の言うことをよく聞き、人の迷惑にならないように団体行動できる、まあＡＤＨＤ[注5]の私などからすれば信じられないようなタイプの子たちがいる。字もきちんと書き、提出物も真面目にしっかりよくやるタイプ。当然、平常点は高い。

この子たちは、小学校の頃から学校や教師に言われた通り真面目にやってきたために、アタマを使わない作業や暗記が学習だと思い込んでいることが多く、とかく学習は知識の暗記がすべてと考えて定期テストに臨もうとするが、小学校と違って覚えなければならないことが多いから、教科内容をよく理解していないと、そこそこの得点はできても高得点は取れないことになる。またこのタイプはちょっと高度にひねられた選択肢試験に弱く、学校の成績に比べて学力偏差値が

注5　注意欠陥・多動性障害（英：attention deficit hyperactivity disorder、ADHD）は、多動性（過活動）や衝動性、また不注意を症状の特徴とする神経発達症（発達障害）もしくは行動障害である

伸び悩む子によく見られる。

私はこの手の子どもによく遭遇するが、正直言ってその度に強い憤りを禁じ得ない。なぜかと言えば、彼らはまともで善良な子どもたちであり、だからこそ、学校教育の言う通りに良い子にして言うことを聞いてきた。その結果は、上から提示したことは覚えようとはするが、自分から考える能力の伸長を抑えられた人間にされてしまうのである。こういう子どもたちの共通点は、テキストの読解能力が意外なほど弱いことであり、つまり日本語の了解能力が未然のままであることだ。

ここには、言うことは聞かせるが、知恵のもとになる日本語の了解能力は決して高めてくれないというこの国の教育の実像が表れていると思わざるを得ない。そして、この人たちは真面目に働き続けることだけが正しいと信じて働き、中には過労で自殺してしまう可能性がある人たちである。これも昔の軍隊で言うと「伍長」や「軍曹」といったところか。

私のように強ＡＤＨＤ弱アスペルガー[注6]で授業なんて全く聞くことができなかった、どうしようもないＬＤ[注7]の人間とは違うこれらマトモな良い子たちが、学校で真面目にやった結果、そしてバカな大人の授業と課題提出を受けてそれをおとなしく聞き続けた結果、大切な日本語了解能力や思考力を伸ばせなかったことにどうしようもない義憤を感じる。

なんで真面目によくやっている者が犠牲になるのか。それでは、誰も真面目にやる気がなくなってしまうではないか。彼らこそ、最も「教育」によってダマされている人たちであると思うのだ。と怒ってみるが、実はそれこそがこの国の教育の隠された「目的」なのではないかと改めて気づかされてやや恐ろしくもなる。

第二次大戦中、例えば長野の山の中で畑を耕していた真面目な若者が、何もわからず突然、自分で読めない召集令状に従って、郷里を後にして南の海で死んで、行方不明となり二度と帰らない。これは納得のできない「悲劇」である。そんなことがなぜ可能だったのかということを、今こそ考えてみる必要がある。

さて、「上位集団」の記述は難しい。勉強は決して苦手ではないが、小学校の間はできるだけ十分に子どもらしい体験をさせて受験勉強をさせず、ローカルな教育を中学卒業ぐらいまでは受けさせることが「自然」だと考える親たちの子が多い。その一方で、抜かりなく塾などに通わせ、さらに冴えた親は一枚上の個人教育機関などに通わせ、高校からの大学附属校や都立進学校などの受験を強く意識するご家庭の子どもたちである。もちろん塾にも通わず自分でテキストを読み

注6　コミュニケーションが苦手で特異なものに関心を示す傾向があるが、高機能な能力を示すことがあり、イーロン・マスク、スティーヴン・スピルバーグなど、著名人も多い

注7　学習障害（Learning Disability：LD）とは、全般的な知的発達には遅れがないものの、「聞く」「話す」「読む」「書く」「計算・推論する」能力に困難が生じる発達障害

進めるという「猛者《もさ》」もいるが、彼らに共通するのは、それなりの言語了解能力の発達をものにしているということであろうか。

つまり、本を読む習慣を身につけた者が多い。そしてこの子たちのうち、レベル上位の大学に進学し、卒業した者の多くが、その「下部」を統括するホワイトカラーとなる。昔の軍隊で言えば「将校」であろうか。

この一方で、昔はいなかった新しいタイプがいる。それは、幼い頃からテレビ漬け、小学校低学年からゲーム、コミックス、アニメーションと情報系の遊びに夢中になった子どもたちである。その中には、中学に入ってスマホを持つようになりゲームなどへの依存に陥っている者も多く、結果的には逆に、必要な情報の吸収・定着力、日本語の了解能力の発達が抑えられて既成の学習に不向きなアタマの状態になっている子も多い。このタイプの人たちは、やがてベイシック・インカムの恩恵を受ける人たちかもしれない。いや中には新規ビジネスを着想して起業する者もいるかもしれない。

さて、極めて大雑把だが、こうした能力も家庭環境も生育過程も大きく異なった子どもたちの「集団」が公立中学校である。

これを全体管理することが、小学校よりもさらに難しいことは想像に難くないだろう。

小学校高学年でも、早熟な子どもたちは先生の言っていることが論理的に間違っていれば、それを見抜く。いい加減なアタマでやっていると気づく。中学生になれば皆発達してきて、それがわかる者はさらに多くなる。つまり教師の言うことを聞かない。すぐに「学級崩壊」に向かってしまう危険性が常にある。

◎「内申点」が生徒を分断する

そこで抜かれたのが伝家の宝刀、「内申点」である。

そもそもは、定期テストの得点を主体に成績をつけてきたが、10数年前から東京都教育委員会は平常点評価欄を4項目作り、そこにＡＢＣＤなどの評定を細かくつけることを指示した。この結果、平常点比率が50％以上になり、都立の進学校を受験するための内申点は、単なる学力ではなく、日常の授業態度、発言回数、提出物の整備度などによって測られることになり、生徒たちは表向き教師に逆らう態度を見せることができなくなった。これは、すぐに関東近県の学校に拡大採用された。しかし、ＳＡＰＩＸや早稲田アカデミーなどの進学塾で実力をつけた者たちは、もはや学校内申点を気にせず、実力で私立の上級校への進学を果たそうとするから、無用に思われる提出物を出さず、教師に逆らうこともできる。

生徒たちは、授業中、私語はもちろん、眠ることなどをチェックされ、授業態度が悪ければ、教師は職員室でパソコンを開いてあっという間に「減点」を打ち込む。

初期には、この教育の「信者」になった女子などが、先生に気に入られようと授業中によく手を挙げて発言し、しかも休み時間にはそう必要もなさそうなことのために先生の元へわざと質問に駆け寄り、何か手伝いが必要な時には進んでその「任務」を果たしたりした。提出物もバッチリで、期限に遅れることなく真っ先に提出し、「花丸」を連発される。当然、平常点欄にはAが並ぶ。

しかし、内申点がついて3学期になると、もはや授業中、誰も手を挙げないし、先生のところへ質問に行く者もいなくなる。そこには、そもそも周囲に対するやや後ろめたい感情もあったのかもしれない。男子はこれを見て目を丸くする。初めて女性というものを知った気がする。一人が呆れて口にした。

「うちのお母さんもきっとそうに違いない」。

ところが今はどうだ。先にも生徒たちの文章でお読みいただいたが、「上位集団」に入りたい子が手を挙げて発言すると、クラスのどこかから、おそらくは下位集団に属する者から、「目立ちがり屋」、「内申目当て」などの声が起こり、これを教師が禁ずると、「やったね高得点」とか「あんたはエライ！」などの声が上がるようになり、新タイプのいじめであるクラス八分も密やかに行われ、ついには誰も挙手して発言しなくなっているという。

そんな学校ばかりではないだろうが、新型コロナウイルス流行後はマスクがいまだに当たり前、教師も生徒もマスクをして静まり返った教室で、多くはメリハリや面白みのないつまらない授業をじっと我慢して受ける。耐える。これが毎日6時間もある。想像できるだろうか。えっ？体育や技術家庭や音楽や美術といった「息抜き」の時間がある？　とんでもない。体育の授業では、「整列」、「前へならえ」、「右向け右」とか言われてこれに従わなければ内申点が悪くなる。

それに何といってもここが恐ろしいところだが、かつては主要5教科以外の他教科の内申点は主要教科の1・3倍づけだったが、ある時から突然「倍返し」＝2倍になった。つまり、主要教科での満点の5は実技教科での満点の10の半分の価値しかないのであり、この他教科で内申点を確保しなければ上級校への進学の選択は無理なので、より一層真面目にやることが求められていて、手を抜けないのである。

なんでそんなことになったのか。それはとどのつまり、統率が取れない他教科教師たち側からの要望があったからだという。ともあれ平常点による「ストレス」は生徒たちを「分断」させた。言うまでもなく、そこは「贔屓」と「差別」の温床になった。日本人集団らしく、いや外国人でもこうした環境に置かれれば、いくつかのグループを形成し、お互い相手を蔑《さげす》んで牽制《けんせい》し合う、差別し合う状態になるのは当たり前のことかもしれない。

◎空気自体が悪い教育現場

「空気悪い」――この言葉は実に言い得て妙である。「空気読めない」とは最近よく耳にするが、「空気悪い」は新しい言葉である。これを生徒たちに聞くと皆そのコピーに共感する。

まず、授業がどうしようもなくつまらない。でも聞いているふりをしなければならない。そして誰も発言しない。だから先生も質問しない。ただ一方的に淡々と時間が過ぎる。教師も生徒も皆、定時の鐘が鳴るのを待つ。「気が遠くなりそうだ」。内申点が欲しい生徒たちは、提出物作成に腕を競う。夏の美術のレリーフの宿題なんて別の人が作っている。

先生に気に入られようとする態度を取れば、必ず他の生徒の中に後ろ指をさす者がいる。こうなると、もう誰も手を挙げない。何も発言しない。不要な減点がないようにすることだけに注意を集中する。

これは何かに似ている。そうだ刑務所で刑期を務める受刑者と同じ立場だ。管理教育の究極の形はパノプティコン。[注8] 積極的に何かすることは許されない完全監視の世界である。そして、生徒たちの間にはそのことの精神的ストレスから、その「網」から外れたところの水面下に小集団が形成され、自分たちと態度や価値観が違う者を攻撃することによって自分たちのアイデンティティや結束感を強めようとする動きが起こり、そこにはこれまでにはないタイプの新しい「いじめ」、つまり集団的かつ暗黙的差別が起こる。

　これが「空気悪い」の意味である。差別の対象にされた者も、それを見て嫌気がさした者も、学校に行く気力はなくなる。しかしこの一方で、差別どころではうさを晴らせなくなった者たちは、学校が決定的に嫌になり不登校を選択し、その結果ゲーム依存に陥るというケースも少なくない。

　どうであろうか。いつまでも既成の教育体制や方法を維持し、少子化社会で管理不能になった子どもたちを多人数、無理やりその枠の中に入れ、細かいルールや平常点での管理を行い、しかも授業を行う教師の質は劣化していることが明らかになれば、学校に行く意味を見いだせない子どもが次々に現れるのは少しも不思議なことではない。

注8　イギリスの哲学者ジェレミ・ベンサムが設計した刑務所システム。全展望監視システムと訳され、少ない看視者によって多数の収容者を監視する刑務所システムになっている。

第三章 教育の危機を体感する高校生の訴え

さて今度は高校生たちの意見にも耳を傾けてみよう。
彼らも教師のあり方についての批判を書くが、高校生にもなると教師の立場を多少は理解し、本質的な問題がその「システム」にあることに気づき始める。

◎時代に合わない教育システムの改革　E君の意見

E君は、学校での勉強やクラブ活動の指導に混乱して、中2の時に私の元を訪れた。私は彼の繊細かつ寛容な性格が気に入って、すぐに焚火[注9]に連れて行った。いっぺんで焚火にはまった彼は、音読法の上達が早く、その結果すぐに文章が書けるようになった。ところが、相変わらず学校の勉強には合わず、内申点も望み通りには得られなかったので、自宅近くの都立の専門高校に進学した。この学校では教室での授業が半分、実習が半分なのでストレスがない。宿題なども大したことがないので、彼は読書と文筆を習慣化し、高校生ブロガーとしてエッセイや小説を毎日のようにネットに投稿している。ちなみにコンビニでのバイト代は、すべて本代と喫茶店代に消えているそうだ。彼には何と15歳年下の妹がいる。その関係でやや視点が社会的に早熟でもある。

日本の教育現場で今最も大きな問題になっていることは、「学級崩壊」と「不登校」だろ

う。特に不登校に関しては２０２１年度の文部科学省のデータによると24万人以上の小中学生が不登校となっている。それだけの人が学校に行っていないことは、国にとっても決してプラスなことではない。そして、２０２１年度には子どもの新規出生数が80万人になり、結婚し子どもを産み育てる人が減っていることを示している。

私は、日本における教育の問題が、少子化をもたらす大きな原因の一つだと思う。子どもを育てるのは大変だ。経済的なことだけではない。子どもを預ける教育機関がどうも不味いことになっているらしく、その結果、不幸な状態に陥っている人も多いことを知れば、無理して子どもを作ったり増やしたりすることを控える親が出てくるのも当然だと思う。またそもそも自分が受けた教育から恩恵を感じていないならば、やはりその教育を受ける子どもを作る気がしなくなるとも考えられる。

不登校——子どもが学校を嫌がる——この問題の解決に向かうには、生徒が教育におけるどのような局面で学校に見切りをつけてしまっているかを考える必要があると思う。生徒がもし学校に行きたくないと感じることがあるなら、それは学校に行く価値を見出せなくなっ

注9　「（本書の著者による）焚火教育を実践するプログラム。集まったメンバーで自由に遊びを計画。自分で考え、アクションを起こすことで心身ともに活性化することを目論む。夏季は、主に、川遊びしながら焚火。冬季は、裏山で遊ことが多い。」（奥多摩古民家 珊瑚荘ホームページより）

たときだろう。学校に行っても意味がないと感じる時であるはずだ。ではその学校に行く価値をどこで捨てているのだろうか。

学校における主な活動は授業であるが、もし先生の授業の仕方が耐え難くつまらなかったらどうだろう。もしくは無意味であるものであると感じられた場合、それは授業を受けるために登校する意欲をなくす要因になる。またそうした退屈な授業であるからこそ、授業中に誰も手を挙げないし、逆に先生も質問しない。そこには生徒側の自己主張がない。ただ黒板を写すだけ。某革命家YouTuberのY氏も「学校の皆がロボットに見える。」と言う。生徒自身の意欲の低下にも要因を見出せる。本当につまらない。寝ているものもいる。

こうした生徒の学習意欲を低下させるような授業を行う先生がいることは事実であり、生徒の方からすればこれが改善されないのは謎である。

また、教師陣だけでなく、生徒自体にも不登校が起きる原因があると思われる。例えば上記にあるようにいじめ。自分の鬱憤《うっぷん》を晴らすべく他人に精神的かつ肉体的に危害を加える——いくらストレスがあるからといってそんなことをして何が面白いのか全く理解できない。でもそれをする人がいる。時には徒党を組んでこれを行う。これを理解できないで不登校になる子が出る。

しかし、こんなことで学ぶ場所から目をそむけてしまう人間が出てきてしまうことは大きな「損失」だ。これはいったいどこに問題があるのだ。どうしてこうなってしまっているのか。

こう考えていくと、不登校における要因として現在の日本の学校のシステムに問題があるように思えてくる。生徒の学習意欲を下げる教育を行う先生を学校に置き、やたら細かいルールを作り、必要以上に面倒臭い提出物を義務付け、内申点で管理しようとする。そこでは「教育」ではなく、「管理」がその仕事になってしまっている。ゆえに、そこには確実にストレスを与える何かがある。なおかつ、そのストレスによるいじめなどの生徒間におけるいざこざ等の問題が継続しているにもかかわらず、その問題をシステムから変えていこうとしない。そこに問題があるのだと私は思う。

では具体的な改革とはなにか。まず前提として、IT、AIが発達した国際社会で、現在の教育指導要領に代表されるような今までの教育方針は時代遅れのものであると考えたい。それは、グローバル化されつつある21世紀に適応したものではない。今までに数回の改定は行われたようだが、20世紀に基本が構築されたような制度では、これからの新時代に対応できなくなるのは目に見えていることである。

たとえば現在の教育指導要領は、その指導要領の内容の改定に関する諮問や議論だけで2

年を要するという。目まぐるしく変化していくこの時代に改定に2年を要するシステムなどただの弊害でしかない。もっと迅速に変化対応する仕組みが欲しい。

時代の大きな変化についていくためにも、今の小中学生が21世紀社会を生き抜いていくために必要なスキルを学ぶことができるようなものでなくてはならないと思う。明治政府による日本の教育とは、欧米先進国の模倣を行い、先進国における産業や技術を日本で改良し、軍事的にも肩を並べることができるような人材を育成する、いわば「すでにあるものをさらに改善して作る」ものだった。しかしイギリスの産業革命に始まった大工業時代はいまやデジタル・インターネット時代に置き換わりつつあり、そのネット空間では、かつてのアメリカ大陸の開拓のごとく、新たなる土地の開拓をいかに拡大できるかの競争時代が到来している。

この新たな競争時代で求められるのは、今までの「先進国が作ったものを模倣していく」教育ではなく、「ゼロから生み出せる能力を作る」教育だ。学校では決して教えないが、資本主義社会において有利に生きていくために重要なのは自分が起業家／資本家になることであり、そうすることでそのテリトリーをデジタル社会における自分のブランドにするようなことだ。そのような社会で誰かの真似をしていくような古い考えを持っていては、これからの社会に太刀打ちできないことは明白である。その為にも、ゼロから生み出せる能力を作る教育が実行できるような体制を整えることが急務であると私は思う。教育は大きく変換される必要があるのだ。

改革と言えば、近年、文部科学省は、高校大学そしてその入試の改革に着手した。「高大接続システム改革」と呼ばれるこの改革は、「知識・技能」「思考力・判断力・統率性」「主体性・共同性」を育成し、評価するために行われた。これはセンター試験を廃止して、国数の記述試験導入を図るものだったが、諸処の理由で取りやめになった。また最近では中学校小学校の生徒一人一台パソコンを支給し、宿題などの提出をすべてパソコンでやらせるなど体制に大きく変化が起きている。「GIGAスクール構想」と呼ばれるこの改革は、生徒がこうしてICTに触れ、扱うことができるようにする目的がある。「GIGA」とは、「global and innovation gateway for all（すべての生徒たちのための世界や社会につながる革新的な入り口）」の頭文字を取った言葉だ。しかしながら、こうした改革にも苦言を呈すべき部分は幾つもある。

例えば「GIGAスクール構想」を単純に言い換えれば、学生全員にパソコンを支給しようという活動だ。しかし前述したように、いまの教育に必要なのは、「模倣すること」ではなく「生み出すこと」なのである。したがって重要なのはパソコンを支給するだけでなく。

それで何をするかなのである。しかし、いまのパソコンを利用した授業は、あくまでパソコンの付属ソフトの勉強であるに過ぎない。教育する側が、資本主義社会がどのような実態であるか、どう生きれば成功できるのか、そうした生徒がこれから生きる世界について指針を示していくという教育を、パソコンというツールを与えるだけでなく推進していく必要があると思う。

そして学校における先生と生徒という関係性もその形を変えていくべきだと思う。例えば机の配置。日本は黒板にすべて机と椅子を向けるスタイルが慣れ親しまれているが、これは生徒が先生の話を聞くという「先生」と「生徒」の体制からできたものだ。だがアメリカでは、こうした机の配置はほぼない。あっても全学校平均20教室に一つだという。さらにアメリカや欧州では、「先生」と「生徒」の関係性よりも「生徒」と「生徒」の関係性が重視されている。先生の教えを一方的に聞くのではなく、自身と他人との対話や議論で授業が成立している。もはや先生の問いに対して「ハイ！」と手を挙げて答えるのではなく、生徒間の議論の末に自分の頭の中で一つの答えに導かせることがアメリカの教育では求められている。

しかし前述したように、生徒の学習意欲の低下の理由には生徒間の問題もある。だがこの「生徒」と「生徒」の関係性の構築により、そうした問題も解決できると思う。日本のような「先生」と「生徒」の関係では、授業中に生徒間の交流はできなくなり、生徒の個人の意見は周囲に反映されず、自分の意見に懐疑的になり放棄してしまう。だがこうしたシステムなら、授業中にも生徒間での交流ができ、仮にいざこざを起こして他人と会話できない生徒がいたとしても、周りで飛び交う意見を耳に入れ、自分の意見を確立させることができる。いじめもなくなるはずだ。それは教育水準が世界的に高いと言われている北欧でも取られている教育方法だ。これはまさに前述のような「生み出す教育」をしていると言えよう。いままでの日本の授業スタイルは、学習規律に縛られ、自身の自由な回答を寸断するものであった。

こうした体制を変えていくには、まず世代という視点から考えるべきだと考える。今、小中高学校や大学に通う若者がグローバル社会に適応できる教育方針の整備を視野に入れつつ、これから生まれてくる子どもたちが大学を含めた10数年間でデジタル・インターネット社会に対する常識を頭に入れつつ、何か新しいことを自分で生み出していけるような環境を整備する、いわば「新世代」のための「新しい教育」の開発が必要である。

前述の例にもあるような学習意欲の低下を促すような頭にしてしまうのではなく、生まれた瞬間から21世紀の新しくかつ生産的な活動を行える「常識」を頭に入れ、社会に送り出す形態を確立せねばならない。そしてそうした形態の確立は、自然と生徒が自分で進んでいける道を開拓していく原動力になるし、学校へ行って教育を受けることへの魅力にもつながるはずだ。

20世紀から21世紀へ移り、時代はネットやデジタルに、そしてそれらの相互的な通信によりあらゆる情報が世界を巡り、グローバル化が進みつつある。そして世界における教育の方向性も垣間見えつつある。日本も21世紀に生き残るための教育の構築を急ぐべきであると言えるのだ。

まだまだ拙いところはあるかもしれないが、高2でこれだけ書けると、大学入試はA・O面接、小論文で軽く突破できることだろう。また読書量がものすごい。いつもやけに分厚い単行本を手にしている。カバンには執筆用のタブレットが常備されている。また、私のリベラルアーツの常連でもあるので、すでに『ソクラテスの弁明』、『旧約聖書』、『新約聖書』、『論語』、『韓非子』、『老子』、『孟子』、『臨済録』、『スッタニパータ(ブッダの言葉)』、『バガバッドギーター』、『ギリシア神話』などの基本古典は読み通しており、自分の見解に自信を持って記述できているようだ。大学進学などより海外体験をしてほしいと思う。彼は、中学校までの義務教育で混乱したアタマと遅れた学習を克服し、見事に立ち直って後輩たちの見本になっている。

◎能動的な教育意欲が生まれる環境が必要　F君の意見

次にもう一人の文章を紹介しよう。

この男Fは現在17歳であるが、実は不登校の「鏡」とも言える存在なのである。やや長くなるかもしれないがここで彼のことをできるだけ簡潔に紹介しよう。

小6の二学期に母親の相談で、「一応成績優秀だが、周りのできるお子さんたちは皆私立受験をするので、このまま公立中に進んでも良いものか」と問われ、「それなら試しに地元の中高一貫公立中の受験を目指したら」ということで、塾には通わず、私の準備作戦通りに受験すると軽く合格した。進学後も成績上位だったが、ここで「事件」が起こった。

それは彼には全く罪がないことで、しつこくまつわりつく友人を拒絶すると、その母親がウルトラモンスター的な人物で、担任教師や彼の母親にものすごいメールを送り続け、ついにこれに疲れ果てた担任が、彼に罪があったことにしてことをおさめようとした。

このやり取りの過程で、彼は、担任が全く人間的に信頼のできない無能な人物であることを知り、純粋な気持ちから反発を禁じ得なくなり、ついには不登校を選択した。そして、中学3年から地元の公立中に進学。もちろん成績はトップクラスというより、文字通りトップ。ところが、2学期からまた学校に通うことができなくなり、内申点欄には－－－－（判定不能）が並んだ。

公立高は無理なので自力で受験勉強すると、誰もが羨む有名私立大学付属校に合格した。ここで最初は、「教師生徒ともに質が良い」と言って通っていたが、また2学期から不登校。人が羨む学校に合格しては、そこに通うことができず不登校を繰り返す。とにかく日本の教育とはそりが合わない。しかし、優秀で勉強は自分で進めることができる。京大志望とのことだが、もしそこに合格して不登校になったら、中高大と不登校になるという、「不登校者の鏡」とも言える存在になるかもしれない。そんな彼の意見を読んでいただきたい。

日本の教育について、まず初めに感じるのは、ほとんどの教師から彼らがその科目・分野に熱中しているという雰囲気が全く感じられないことがある。彼らは彼らの教えている教科が面白いものだと思っていないように見える。

勿論、このような事態が生じているのは、単に教師の職務怠慢が原因というわけではない。それぞれの学校の教育目的が異なる以上、その目的に向かって仕事を行うのは当然だし、もしそれが、単なる公教育的教育機会の提供や国立大進学者数の増加といったところにあるならば、私が指摘したような点はそもそも問題とされないのだろう。

だが、国立大進学者数を増やすとしても、結局は生徒自身が能動的に学習に取り組める環境がなければ、到底そのような結果は現実化され得ないし、大抵の場合、志望校に合格した

後勉強を辞めてしまう場合が多い。また、近年生涯教育が声高に叫ばれ、科学技術の進化が加速し、グローバル化が進展してほとんどの業務が地球上の他地域で代替可能となる中で、「勝ち抜く」には、ひとときも停止せず更新し続ける必要がある。そのような観点からも、特に現代においては学校を卒業した後も勉学することに高いモチベーションが連続する人間を養成することこそが必要なはずである。

これを読む人の中には、学習することに高いモチベーションがある人間は最初からモチベーションが高く、最初から勉強ができるのだと思っている人もいるかもしれない。だが、私はそのようなことは決してないと思う。物事に対する好奇心を持ち、その探究のために学習や勉学などの頭脳作業に興味がない人間は存在しないはずである。

故人で英語教育の専門家・駿台予備学校講師の伊藤和夫は著作において以下のような文章を引用している。

“Appreciation of the noblest and purest pleasure is an acquired taste which must be won laboriously. That is what education is for, to help one to acquire the taste that makes the higher delights possible.”

「最も高尚で純粋な楽しみを味わう力は、努力して得られなければならない後天的な力である。教育の目的とは、誰かが高尚な楽しみを味わうことができるようになる力を獲得するのを助けることである。」

教師自身も熱意を持って探究していることを生徒に示せば、学習自体が楽しみになり他の報酬は不要であるのに、そのような環境を公に提供できない教育システムは、最早根本的には機能していないと言える。

学習やそれにかかる努力自体が楽しく感じられない理由は前述した以外にも多くあるだろう。

私はそれほど感じないが、授業開始時と終了時の起立礼着席が嫌で仕方ないという同級生（特に男子）は多かった。筑波大駒場高（編注　筑波大学附属駒場高校）に進学した知人はいつも起立が遅いので先生に怒られていたと言うし、都立トップ高に進学した知人は、物の管理が上手でなく、提出物を期限内に提出しなかったり、礼の角度が会釈程度であることを見咎められたりしていた。また、私が通って中退した中高一貫公立中では、私自身はその先生自体には好感を持っていたが、起立礼の角度やタイミングが合わないのを理由に、１授業１時間を丸々潰して起立礼の練習をさせたのには驚かされた。

人間関係に鋭い洞察のある『論語』には、そもそも尊敬できる先生には、生徒は強制されなくとも礼儀を持って接するようになるという記述がある。起立礼着席を強制せずとも、生徒が尊敬できる人への礼儀心を持つことや各人に倫理道徳を定着させることは可能である。

むしろ、形式的な礼に満足することによって、生徒と教師の間に精神的な信頼関係が構築されることが阻害されており、結果として本来の礼儀心が生徒の心に育ちづらくなっているということが忘れられている。

社会や文化というものはそれ自体として独立して存在するわけではなく、常にそれらを構成する個々人によって有機的につくられるものである。教育に関しても、そのような点を意識しながら形作る姿勢が不可欠であると思う。

制度上、教育のあり方を生徒が形作るという形は現段階において許されていない。制度制定・構築者がそのような意識を持ってくれていることを切に願う。

これは「理想論」であるが、そうした「理想」を持ってしまったばかりに、現実の教育に絶望し続ける結果になっているのかもしれない。

しかし彼には、学校というところが、いくら選抜試験を行ったところで、ある特定の自分が理想と思う先生について学ぶところではないということがわかっていないから、「幻滅」が繰り返されるのは当然であると言える。彼は「起立・礼」が嫌なのではなく、その対象にふさわしくない人にそれをするのが嫌なのである。

◎「ヘンタイ」教育を抜け出す方法　H君の意見

最後に大学生である。

H君は、なんと有名私立大学附属小学校を、「もうこんなところいられねぇ！」と卒業後は自宅近くの公立中に進学した。しかしこのADHD、言うこと聞かず、アスペルガーで自分勝手では公立中に合うはずがない。すぐにさまざまな事件を起こして問題児化するが、私の生徒ということもあり、やたら弁が立って手に負えない。教師たちの中には彼を目の敵にする者も出る。

この「公立ストレス」から、彼も例外なくゲーム依存になりかけた。しかし、その母親の熱心な食生活コントロールなどによりその危機を脱し、少人数制でIB[注9]を視野に入れた授業を行う私立高に進学した。ここでは外国人の授業を受ける機会も多かった。ここでまたしてもE－スポーツに手を出したが、高2でこれにも飽き、英語でも日本語でも幅広い読書を行うと同時に表現能力を高め、数学も個人授業で数Ⅲまで学んだ。私の生徒の中で慶応SFCの両学部（総合政策学部と情報環境学部）に合格したのは彼が唯一初めてである。

そもそも学校教育は子どものステレオタイプを生み出す場所に成り下がってしまっている。
小学生は、中学生は、高校生はこうするべき。確かにそういうレールに乗っていれば楽そ

うである。しかしそういったレールから外れてしまった、もしくは自ら外れる変人が一定数いる。そして、その数は年々増加しているように思う。

そういった者たちには、最近の学校は総じて「空気が悪い」と言われているようである。私も小中学生の頃はそのような変人であったがゆえに、彼らのいう「空気の悪さ」というものはよく理解できる。一般的な人々は、安定を最も重視し変化を嫌う。たとえ、その安定した日常に心のどこかで違和感を感じつつも、安定を重視するためにその違和感を排除し目を背けるのである。

そういった人たちから見れば、我々変人は安定を捨て、感じた違和感には素直に向き合い、リアルな反応を示す者たちである。このことは常人から見れば和を乱す行為であり、「集団行動を重んじる」学校では断じて許されない行為なのである。

そこで、「空気が悪い」ということを改めて考えてみると、子どもたちは学校教育が少なからず奇妙なものであるということに気がついているのだろうと思う。しかし、和を乱す行

注9　「国際バカロレア（ＩＢ：International Baccalaureate）は、世界の複雑さを理解して、そのことに対処できる生徒を育成し、生徒に対し、未来へ責任ある行動をとるための態度とスキルを身に付けさせるとともに、国際的に通用する大学入学資格（国際バカロレア資格）を与え、大学進学へのルートを確保することを目的として設置された。」（文部科学省ＩＢ教育推進コンソーシアムより）

為はご法度であるため、みんなが周りの様子を詮索して、こそこそしている状態なのだろう。それだけが原因ではないだろうが、気が許せたり、考えを共有しそれに共感したり意見を言ったりしてくれる相手がいない空間というものはなんとも居心地の悪いものである。このおかしな日本の教育から逃れようとすると教育を受けない、もしくは海外に行ってしまうという選択肢しかなさそうである。

　しかし、ここにもっとお金がかからず手っ取り早い方法がある。格闘技のように受け流すというワザが、ヘンタイな日本教育の害を免れる方法なのではないかと考えた。受け流す、関係しなくなる。実際には、自分の居場所を学校だけに限定しないこと。僕の例を挙げると、中高と学校という組織の中に居場所のなかった僕は、「v-net」[*10]という空間が自分の居場所になった。高校の時の友人で、若くして東大のＴＥＤｘ[注11]でプレゼンを行った友人は、「僕は自分の居場所を学校以外にも持ってる」と言っていた。「居場所」を見つけることが大切だ。

　そしてもう一つは、何かこれだけは絶対に他の人より優れているというものを持つことである。特定の教科でもいいし、スポーツでも絵でも音楽でもよいが、実は僕はケン玉の達人である。学校の中に馴染めないと、少なからず孤独を感じるときもある。そういったときに「いやでも僕、わたしにはこういう特技があってそれなら絶対に負けない」というメンタルを持っているだけでもかなり気持ちが楽になる。

大学受験の時、クラスにそこまで馴染んでなかった僕はひたすら英語をやり続け、そしてそれが勉強と思わず楽しんでできたことで無事第一志望に合格できた。僕の経験を踏まえてまとめてみると、学校以外の自分の居場所を作る。そして他の人には絶対に負けないという、楽しんでできる特技を持っておくこと。この二つがこのヘンタイな日本教育を生き残る方法であると僕は思った。

多くのまともな子どもたちが、学校教育に嫌気が差し、これから脱落したり不登校化したりして、大学へ進むだけの力が得られないまま放置される。そこには、ADHD&アスペルガーのH君とは異なる本当に善良な良い子どもたちが多く含まれる。彼らは何が我が身に起こっているのか理解できず、H君のように自分の居場所や特技を持つことがなく、自分を責めて絶望していく。

注10　本書の著者、松永氏が主宰するV-net教育相談事務所のこと。松永氏をはじめとする熟練教師たちが生徒一人ひとりの状態に柔軟に向き合った学習指導を行っている。不登校などトラブルを抱えてしまった子どもたちも数多く訪れ、楽しく学んでいる。

注11　TEDxとは、TEDの「より良いアイデアを広めよう（Ideas worth spreading）」の精神に基づいて、世界各地で独自に運営されているプログラム。TEDはTED Conferenceを主催する非営利団体であり、そこでは技術・エンターテインメント・デザインなど様々な分野の登壇者が18分以内でプレゼンテーションを行う。またそのプレゼンテーションはTED.comを通じて全世界に配信されている。

自己肯定できないので、社会に出て行って働くことも難しい。何ごとも積極的にやる気力を失う。結果、そもそも必要もなかったのに「引きこもり」にもなる。

日本では若者の自殺率が先進国中トップだという。しかもそれは他の年齢層の自殺率が下がっているのに上昇中である。私たち大人は、そのことを強く胸に受け止めるべきではないのか。このとは未来社会を支えるはずの若者のことなのであるから。

◎生徒たちが訴えたいことをまとめてみると

前章まで小中高大生の書いたものをお読みいただいたが、いかがお思いであろうか。

自分の子どもや孫が、以上のようなことを感じているかもしれないと思ったことがある人はいるだろうか。

もちろん、ここに紹介した文章は、ごく一部の子どもたちが書いたもので、必ずしもそれが全国の子どもの意見に当てはまるとは限らない。

しかし、多くの生徒は学校で行われている既成の教育を無用なもの、嫌なものだと感じていることも事実なのである。

究極のところ、生徒たちが言いたいことは何なのか？

その問いに対する答えをまとめるとおおよそ次のようになると思う。

1　敬意を持てない人物を「先生」と呼び、これに従うのはＮＯ
2　知力にあまり関係ない漢字学習、ドリル学習といった作業的な宿題を必要以上に課せられるのはＮＯ
3　起立・礼、気をつけ、前へならえ、など服従心を強いる教育はＮＯ
4　古臭くて役に立たない知識の暗記の強要はＮＯ
5　無意味に細かい規則やルールで生徒を縛るのはＮＯ
6　生徒同士に不信感を与える平常点教育はＮＯ
7　未来生活に役立つことを教えない教育はＮＯ

これらの要素のうちいくつかが重なって、学校アレルギー＝不登校が起こっていると思われる。

また、このストレスによって、次世代型の「見えないいじめ」も起こるようである。

そしてこの背後に、こうしたことを引き起こしている学校教育の実情がある。

では「ＮＯ」ではなくて「ＯＫ」とは何なのか？

第四章

生徒たちの問いかけにどう答える

——日本の教育のあるべき姿とは?

◎生徒の訴え1　敬意を持てない人物を先生と呼び、これに従うのはNO

これはよくわかるが、多忙すぎて教員の能力レベルが劣化している中、即座にこれを解決する方法はない。教師たちの言動をもっと上品にとか、悪い人間性を丸出しにしないように気をつけてとか、今さらそんなことを言っても始まらないだろう。フィンランドでは教員採用倍率が10倍以上になるように規定されていると書いたが、これはそもそも教職に人気があり、また社会的に尊敬される職業であることが前提になる。ところが我が国では教職は仕方なく選択する職業に成り下がっている。それは、教職が辛くて拘束時間が長いからである。

また多様化した今の子どもたちをまとめることは至難の業である。いくら「起立・礼」を徹底したところで通じないものは通じない。逆に嫌がって逃げる子が出てしまう。

読者は、もし自分が同学年の子どもを何人か預かって、これを責任を持って指導するとしたら、一度に何人が可能だと考えるか。

1人、2人、3人、5人。どうであろうか。学年にもよるかもしれないが、この辺りでそろそろ自信がなくなってくるのが普通ではあるまいか。これが7人、8人、9人、10人と増えた場合、誰でも、それはほぼ不可能と感じることだろう。さらに15人、18人、20人となれば、これは通常不可能である。塾業界では20人まとめて授業に集中させることができる教師を「優秀」ではなく

「天才」あるいは「芸人」と呼ぶという。いくら教員免許をお持ちの方とはいえ、それを実は普通のオジサンかオバサンにすぎない人が、30人もまとめて預けられたらパンクするのが普通であることは誰でも予想できる。

小学校低学年までなら何とか「起立・礼」的服従や威圧によって制御できるかもしれないが、高学年になって子どもに分別や主体性が出てくると、簡単なやり方では統括できない。ゆえにそこでは、邪魔な生徒に「LD」などと名前をつけて隔離して、授業をやりやすくするという選択が行われる。そのためにWISCテスト[注12]も導入されている。彼らは自己のしていることを肯定するために、教育者として卑しむべき手段を簡単に選択するのである。

ともあれこの国の教師たちは、時代が変わって少子化が進み、しかも生まれてくる子どもが多様化して、それが自由に育てられて学校に送り込まれてくるのを相手にしているのだ。これまで通りのやり方で彼らをまとめて受け入れることなど当然できない相談である。それをやらされているることになる。しかも、授業で教えるだけでなく教務や報告書作りやその他の雑務に追われる中で、である。

通常なら、このような多重業務から逃げようとする。もしくは手を抜く。気持ちも抜く。そし

注12　児童生徒用の知能検査

てただ「上」が要求する通りに動く。なんだ、これではおとなしく言うことを聞いている生徒たちと同じではないか。教師たちも家ではゲーム三昧というのもウソではないかもしれない。

教師たちをこの状態から救わなければ、新規に優れた教員人材を集めることはできない。それにはシステムを変えることと初任給を大幅に高くして有志の者を募る政策が必要である。また文科省新官僚に、「視察」ではなくで、「実習」を義務づけるべきだと思う。キミたち、一兵卒からやってみたまえと言いたい。

◎生徒の訴え2　知力にあまり関係ない漢字学習、ドリル学習といった作業的な宿題を必要以上に課せられるのはＮＯ

この国で生きていくためには漢字の習得が欠かせない。同様に数値の計算が自分でできなければ、生きていくことは危うい。

漢字を使った文章の読み書きができなければ、契約書等の扱いで騙《だま》される確率が高くなる。だから、漢字が交じる文章を読み、漢字を使って文章が書けるようにする教育が行われるべきであるが、それは行われない。「書き取り」で終わりである。

おそらくは教師にその視点がないか、多忙のためである。

学校で作文の書き方についてのまともな教育が行われることはまずない。黒板に書かれることを写すことしか教えない。それは18歳の時点で、自分の考えを文章化できる生徒がごくわずかであることからも推察される。この国の教育は文章が書けるようになる力と技術を与えないのだ。

機器の発達により、売店でもお金の計算をする必要がなくなった。人々はアタマの中で数値をイメージして暗算することから遠ざかりつつある。だがこれは危険である。数値を実際の画像イメージで描けなければ、金銭取引で必ず損をし続ける。そして数学における学習からイメージが捨象されれば、その子は図形や関数の学習に弱くなり、数Ⅲに届かないタイプの人材になる。

これは、ちょっと観察すれば我々の周囲によくある例であろう。だから、この2つの学習は「嫌い」ではすまされないのである。それを嫌いになるようにする、あるいは意味なく必要以上に反復学習の言わば「作業」をさせる。これはいったい何のためなのか。

子どもたちに漢字学習をもっと親しみのある楽しいものだと感じさせるべきなのに、必要以上に何度も書かせる課題を与えれば、そのことによってかえって漢字学習が嫌いになる子が出ることを考えてほしい。漢字の習得にはいろいろな方法があると思う。特に文章中で使えるようになることは大切である。やりすぎのドリルもそうだが、文科省の指導要領よろしく、いまだあまりアタマを使わない単なる作業的労働を学習と思い込む教師も親も多いことに驚かされる。そんなんだったら、外で友達と遊んで体験を積む方がよっぽどアタマに良いことになってしまう。ここでは「服従」が重視されて、「能力開発」の視点が捨象されているのである。そして、それこそが今の子どもに嫌われる最重要ポイントであることに気がつくことができないのである。

公教育の場においてばかりではない。私立の学校でも、この国の教育は知識の伝授を旨とするのであって、それを用いてものを考えることは重視されない。十分に暗記して試験に強くなりさえすればいい。それは、選択肢が並べられた中から正解を選ぶことができる能力がつけばそれでいいのであり、自分で考えて発展的な提案をする能力は抑えられる。どれが正しいのか選ぶことが大切なのであり、自分で考えて答えを見つけようとすることはナンセンス。知識を問うクイズ番組で正解を選ぶのが学習だと思ってしまう。

選択肢試験はアタマを悪くする。選択肢試験で高得点するための学習はアタマを悪くする。すぐにどこかにある答えを知ろうとして、自分で思いを巡らして考えようとはしない傾向の人間をつくる。選択肢試験対処のための過重な暗記学習はイメージ力や発想力をも奪う。

てな訳で、施行30年を経て、やはりセンター型試験が子どもの学力伸長に弊害がある、というより全体の国語力が下がり、大学教育を受けるだけの言語了解能力、読解能力、そして記述能力が不全の子どもたちが多くなりすぎるということに気づいた文科省内のあるグループは、高大接続システム改革を立ち上げて、大学入学共通試験に記述試験の導入を図ったが、知っての通りこれは挫折した。

挫折の大きな理由は、多人数の記述解答を公平に審査するだけの人材が不足するということであったが、実際はこれにはさまざまな他の既得権益的関係者からの横槍もあったことだろう。「挫折」の本当の理由の一つはこうである。記述試験実施に先駆けて「プレテスト」なるものを行うと、受験者の大半の者が記述試験解答を書けないことがわかったのである。つまり、これでは試験の意味がない。無回答が多いアンケート調査になってしまう。

私はこれが「挫折」の主原因であったと思うが、自分の考えを自分でまとめることができない若者が実に多くなっているのである。これは、まさに選択肢型試験を受け続けてきたためである。この国では全体型の記述試験はできないのである。だからこそ逆に、中高大が求める人材は文章を書ける者であり、私の生徒などはその枠でA・O進学している者がほとんどと言ってもいいくらいである。

そして、密かにこれが「決定打」であると思われる出来事が起こった。

2019年9月、文科省前に教師や高校生が集まって、「新大学入試テスト中止」、つまり「センター試験を維持せよ」と訴えたのである。

これは試験を受ける側からの、選択肢試験のままでいてくださいというお願いで、これを中から見ていた文科省官僚は何と思ったことだろうか。選択肢試験を続けると、生徒の学力が低下するのでこれをやめようとすると、もはや選択肢の試験しかできなくなってしまっているから変えることはやめてくんろと言うのである。

これはセンター試験を続けてきた愚民化政策が、些か思いのほかうまくいきすぎたことを示していた。民の学力レベルが下がりすぎたから、その民の学力を上げるための施策を行おうとすると、それが民によって拒否され実行できない。しかもプレテストでの全体記述試験は、その民に記述力がないために無意味であることが判明し、そして目の前でその「中止」の文字のプラカードを掲げた民が、大声でシュプレヒコールを上げている。生徒も教師もいる。

その時、官僚たちの心の内に起こったのは「バカバカしい、何もわかってない、相手にしてもしょうがない」という感情だったのではないか。

「愚民化」――これは東アジアでは政策的に必要なことのようである。

『老子』にも『韓非子』にも、民は愚かであるのが良いと書かれている。

「愚か」――その究極は読み書きができないことであり、愚民化政策とは、読み書きができない者を多くすることである。

センター選択肢マーク試験導入とその連続で、見事に民の多くは「愚民化」した。答えを自分で考えない。与えられた選択肢の中から選ぶ。この試験を幼い時より受け続ければ、自分で考えるよりも、とにかく答えを暗記する習慣がついてしまう。おまけに自分で答えを考えないということは、自分の考えたことを言語化しないということでもある。

自分で答えを考えない習慣。自分の考えを文章化させない教育。それを仕向ける国家主催の全体テスト。

流石に、そろそろこのままではまずいと思ったのは文科省。でもそれは民と世論によって否定された。

こうして、自ら考えない人たち、自ら考えようとしない人たち、つまり「愚民」が生産される。「愚民」が多いということは、すなわち政治が安定するということである。既得権力、既得権益も温存されることになる。

だから、ある意味で政策的にはこれで合っているのである。

ここに、教育の最も大きな国家的目的が浮かび上がる。それは、本当の「教育」を与えないことだったのだ。

◎生徒の訴え3　起立・礼、気をつけ、前へならえ、など服従心を強いる教育はNO

愛国心と服従心は異なる。服従心と忠誠心も異なる。

「起立！」と号令をかけさせる。そしてこれが揃うや否や、一斉に「礼！」とやる。すぐに続けて、「着席！」の声で腰を下ろす。

この間、号令者以外は声を出さないのが普通である。

これは本当に礼節を学ばせるためにやっていることであろうか。

そうではなくて全体で行動するという一種の「催眠」であると私は思う。

「気をつけ！」

「前へならえ！」

「右向け右！」

これらは言われた通りにする練習で、愛国のための忠誠心を培うようなものではない。

ここには、「お前たちは何も言うな、こちらの言う通りにおとなしくして授業を受けろ」ということを呑ませる目的がある。

しかし、もしそうだとすると、それは本当にその目的を叶えるためにふさわしい方法なのか。

おおよそ強制的に知識の伝達を聞かせるほど難しいことはない。

子どもに何かものを伝えるには、初めに和やかな雰囲気があって、そこに好奇心が起こり、それが楽しくわかりやすく伝達されようとすることが必要で、そうしたことの前提には「信頼関係」がある。

「起立・礼・着席」はそのことを阻害する。そこでは命令に従うことが教育になる。教師と生徒

の間に不要な溝をつくる。このことに気がつけないから「ヘンタイ」なのであるが、なぜ、

「始めます」

「よろしくお願いします」

あるいは、

「ハロー、エブリバディ、お元気？　今日も行くぞ、レッツゴー、ＯＫ？」

「ＯＫ！」

などではいけないのか。

まあ、「ヘンタイ人」には通じないことだろう。

◎生徒の訴え４　古臭くて役に立たない知識の暗記の強要はＮＯ

生きていくために知識は必要である。しかし、自分の好奇心に基づいたことや、自分の専門領域に関する事柄以外は無理に覚える必要のないことである。無理に覚える必要がないことを覚えることを過度に義務づけられれば、そのための学習は着想力や発想力の低下を招く。

さらに現代社会では、「検索機能」があり、例えば「平安時代　田んぼ」と入れれば、多くのヒットの中にすぐ、「公営田、官田、諸司田、勅旨田」の言葉を見つけることができるが、この

言葉を覚えている必要があるだろうか。

こうした、後に忘れるが検索することが可能な、それほど重要ではない知識や名称を覚えているかいないかの試験をするのはなぜだろうか。かつて、ハイレベルな選択肢テスト対策のために猛勉強して上智大に合格したという女性は、「それがね、あれほど一生懸命に記憶した世界史の知識が、子どもが生まれた瞬間、というより生まれた子どもの相手をするようになった時、パ〜ッとどこかへ飛んじゃって一切記憶から消えちゃったのよね。あれは何のための学習だったのかしらね」と語った。

テストで暗記力を測るのは容易《たやす》い。採点も容易い。選択肢マークにすれば機械が採点する。しかし、考える力を見ることは難しい。考える力を見るためには、直接面接して話をするか、文章を書かせる必要があるからである。そして文章を書かせる試験をすると、大半のものが解答しない。できない。これでは試験にならないから、知識暗記のマーク試験で楽にお茶を濁す。

とにかくこの国の教育は暗記。暗記しているかどうかが成績を決める。しかしそのアタマのハタラキは、アタマのハタラキのごく一部分である。アタマにはもっと別に鍛えた方がいい重要なハタラキがたくさんある。

我が国の初等教育に「九九」があり、このおかげで日本人の子どもは数学ができるようになっていると思っている人は多いと思うが、確かに九九には役立つところもある半面、その教え方によっては無意味化するのである。

例えば「2×2を暗算しなさい」と言われた場合、そこで即座に「4」と答える人と、アタマの中で「ニニンガシ」と呟いてから答えを出す人がいると思うが、ニニンガシと言う必要があるだろうか。2が2個であるから4であるという認識を示す者があってもいい。

2×3はどうだろうか。これは2が3個で6とイメージしてもできる。そしてこれは3が2個と認識することもできる。これを「ニサンガロク」とは別に「サンニガロク」と言えるようにならなければならない訓練を与えることに意味があるのだろうか。大切なのは2が3個で6ということであり、その倍が12になることである。2×9=18は、2が10個の20から2を1個引いた数であるというような認識は与えない。ただ、口で素早くつっかえることなく言えるかという算数のアタマとはあまり関係ないアタマの使い方を強要されてしまう。

9×9=クハチジュウイチとはやるが、90引く9とは考えない。認識しない。そして12×7は？ と聞かれれば大抵の者は黙る。これを7が10個で70、2個で14だから、これを足して84と暗算できない。これくらいでも「紙ください」という者が多い。トイレじゃあるまいし、これはドリル学習の弊害ではなかろうか。81より大きい数字になるとからっきし弱いのである。

100引く32はいくつですか？ と尋ねると多くの子が78と間違える。これは紙の上での計算の癖で、紙に書かないために繰り下りを忘れるためか、それとも32に68を足すと100ができるという認識が弱いためか。どちらもイメージを使わないで計算しようとするためである。

しかし、我々大人の多くは、通常まず１００から30を引いて70にし、その上で2を引いて68と暗算することが多いのではないか。１の位から計算し始めるのは学校計算ドリルでついた癖なのだ。

まあとにかく、このようにアタマの中で数値が動かせるようにならなければ、ミスを犯す可能性が高くなり、社会に出ればそれは損失を重ねることにつながる。でもそれを教えず、九九を早く言えるかどうかストップウオッチで測ったりする指導をする教師が出る始末。この国の教育には、数を使って子どものアタマを良くするという発想がないらしい。岸田首相も「教育未来創造会議[注12]」なんてやって理系人材を増やそうとする以前に、我が国の算数教育の欠陥を認めて改めるべきではないのか。

そもそも暗記の試験をするなら、暗記を強要するなら、まずその暗記の仕方を教えろと言いたい。暗記に必要なアタマのハタラキを教えろと言いたい。小学校の初めからそれを教えないで、考えようによってはアタマが良くなることと全く関係のないことまで無理やり強要する。もちろんそれができるのは「起立・礼」があるおかげなのであるが。

必要以上の知識を与えて喜ぶよりも、生徒が自分からどんどん検索してその好奇心によって知識を増やすスタイルに変えるべきである。

◎生徒の訴え5　無意味に細かい規則やルールで生徒を縛るのはNO

実は、今これを書いているのは、生徒たちと昨日より夜の焚火で泊まり込んだ奥多摩の古民家の朝である。

約10名の生徒が読書か執筆をしている。

薪ストーブの前で彼らに尋ねた。

「学校で無意味だと思われる規則を言え」

髪の毛の色はなぜ規制されるのか。

ツーブロックはなぜダメなのか。

時計を持っていることはダメ。

制服のボタンも規定通りに留めてないと「違反」。

セーターを着て来てはいけない。

注12　「我が国の未来を担う人材を育成するためには、高等教育をはじめとする教育の在り方について、国としての方向性を明確にするとともに、誰もが生涯にわたって学び続け学び直しができるよう、教育と社会との接続の多様化・柔軟化を推進する必要があります。このため、『教育未来創造会議』を開催しています。」（内閣官房ホームページより）

廊下に出るときにはブレザーを着なければならない。
オンライン授業でも制服は義務。
他のクラスの室内に入ることは禁止。
部活の義務化。
小学校でシャーペンダメ。
小学校に本を持って来てもいいが、挿絵があるものはダメ。
授業中にペットボトルで水を飲むのはダメ。

その他、無限に出てくる。教師と学校が自分の裁量で細かい決まりを勝手に決めて、不合理であってもそれが続く。それは「支配」のためだろう。言うことを聞かせることを教育と思い込んだヘンタイ性に気がつけない。というより、教師たちは自分たちを守るためにルールを量産せざるを得ないのだ。

◎生徒の訴え6　生徒同士に不信感を与える平常点教育はNO

これについてはもう前章でも書いた。

ある公立中の中3の男子生徒がいた。それまでは真面目にやってこなかったが、中3の夏休みに一念発起して勉強し始めた。塾へも通った。すると自分が思いのほか数学が得意なことがわかった。それで調子に乗って数学の勉強に力を入れていると、同じクラスの女の子で真面目で勉強できる子で、でも数学がちょっと苦手な子がいて、彼女に頼まれてわからないところを教えてあげたりしていた。期末試験の出題の予想までした。

さて、2学期の期末試験。予想通り「めちゃ難」の出題で平均点は40点台。答案が返されるときにクラス最高点の85点が発表され、それが自分のことだと知ったとき、心の中で思わず「やったー!」と叫んだそうである。さて、その女の子の得点は72点だが、平均点がめちゃ低く、なんと女子でクラストップ。出題予想がバッチリ、ふたりで喜んでいた。

さて密かに決まった内申点を知らされる3者面談から帰ってくると、彼女は彼に「ありがとう。私数学に5がついちゃった。期末のおかげね」と言った。

これを聞いて当然、彼は自分も数学に初めて5がつくと思っていた。

しかし、面談で彼の数学の成績は3であることが知らされた。

これにショックを受けた彼は、横に母親がいるのに、猛然と抗議した。

「どうして72点の~さんが5で、85点のボクが3なんですか?　おかしくないですか!」

これに先生はややたじろいだが、すぐに落ち着きを取り戻して、

「だってキミの平常点は悪すぎでしょ。試験得点と平常点を足せば、平常点がほぼ満点の彼女と平常点の低いキミとでは成績が逆転するのは当たり前でしょ」

「それにしたって3と5っていうことはないでしょう！」

「仕方がないわ。今言ったように平常点が半分なんだから、それに1学期の成績も加味されるから公平にやっているつもりなのよ。例えばあなたはノート提出をしなかった」

「それはワークブックに直接書き込みました」

「でも指定では、すべてノートに書いて提出でしたよね。それをあなたは守らなかった。この項の平常点はDのゼロです。それから授業中の私語や妨害に当たることなども減点の対象になります。どうしてあなたに高い成績をつけられるでしょうか。これは決まりに従ってやっていることなのです」

「……」

母親もいるので引き下がったが、努力が全く評価されなかった彼の怒りと落胆は大きかった。逆に彼のおかげもあって5を取った女の子はとても気まずそうだった。彼女は都立トップ校に進学した。

みなさん、これは「仕方のないこと」なのか、それともそうではないことなのか。

1クラス35人の生徒を数クラス各々4項目で細かく平常点評価する。ただでさえ他の業務で忙しい中、そんなことをきちんと公平にやれるだろうか。やれるわけがない。しかし、上からの指示があるから、言われた通りにして見せるしかない。個人的贔屓の判断も多く潜在する。そして、そこで求められるのは、あくまで服従すること、教師に言われた通りにすることだけなのだ。自ら進んで努力して力をつけるだけでは意味がないのだ。

こうした平常点縛りの状態が恒常化すると、生徒同士のいがみ合いも起こる。人にノートを貸して先生にバレれば「連帯責任」。自分の成績のことだけを考えて行動する。中には平常点で高得点する奴は敵だとして、陰へ回って嫌がらせする者も出る。本来の教科の学習よりも、先生に言われた通りにできるか否かが成績を決める。会社で言えば、実績よりも上役の目を気遣う勤務態度が高評価されることになる。なんでこんな思いを子どもたちにさせるのか。「学級崩壊」するのは当たり前であるとさえ思えてくる。

音楽の時間には、音楽の授業を心から楽しんでいるように「演技」する。美術の時間は自分のつくりたいものではなく、先生に高評価されそうなものを楽しそうに一生懸命つくっているところを見せる。体育の時間は、時間通りに真面目に整列して、先生の指示にできるだけ積極的に従う。チームワークを考えているふりと自主性をアピールする。技術の時間は、先生〝刑務官〟からは真面目に作業しているように見せて、うまくいかなければ家へ持ち帰って兄貴や知り合いに手伝ってもらう。何しろ音楽も美術も体育も技術家庭も、内申点は「倍返し」、主要5教科の倍づけだ。主要5教科の満点が25点、他の4科のそれは40点。つまり5対8。これは重い。都立上位校を狙うには他教科平常点で高得点するしかない。それに中学3年にもなってブラブラ真面目にやらずにいれば、ある日、親にこう言われる。

「あのなぁ。うちが決して裕福ではないことはオマエにもわかることだろう。父ちゃんも母ちゃんもこうして毎日働いているが正直言って楽ではない。弟もいる。真面目に勉強する気がない人間のために私立の学校に通わせて学費を出す余裕はない。だからオマエが高校へ進学するなら、当然金がかからない公立ということになる。そしてその公立は内申点で決まる。

それがこの平常点欄はなんだ。授業も宿題も提出物も真面目にやっていないことの証拠だろう。お前ももう15歳だろう。いい加減、学校でつまらない態度とってバカなことしていないで、自分の将来のために少しは真面目にやったらどうだ。『親ガチャだって言うのか?』、オレたちが一生懸命働いているのに、もう一人前の体のオマエが、自分で判断してまともに動こうとしないとは到底受け入れられないね。いいか、18まで飯は食わしてやる。でも高校はどこでも金のかからない公立に通うしか道はないと思え!」

とか15歳で言われると、流石に胸に響くことは多い。特に親の苦労をわかり始めている子どもには痛い。

こうして、文科省、教育委員会、そして学校の狙い通りに、平常点重視の内申点縛りは学級崩壊に「有効」な施策だと判断されて、これは全国に広がろうとしている。でも、成績の5割以上が平常点、しかも他教科倍づけはやりすぎだと思う。

私はどうしてこんなことをするのかと思わざるを得ないが、それは愚かな人たちが、愚かな目先のことへの対処のための愚かな着想を、愚かにもそれがいいと判断して命令したためである。そして、この国では、たとえ愚かに思われても、とにかく「上」の指示したことにはとりあえず従うという習慣をつける教育がなされてきて、それが「文化」にすらなっているから、まさしくその旧態依然とした「ヘンタイ性」を自覚できないことになるわけだ。どうして子どもたちを気の毒に思わないのか。それこそが本当の「ヘンタイ性」であると言えるのかもしれない。

そして、この平常点重視教育は、表向きの「学級崩壊」は食い止めても、その足元が崩れる「学級腐敗」を生み出しているのである。

これを取り入れてやり続けていること、まさにこれぞ「ヘンタイの極み」と言える現象であると思う。

◎生徒の訴え7　未来生活に役立つことを教えない教育はＮＯ

どうも教育の話をしていると最後は未来の話になる。どうしても教育の話は未来につながってしまう。

教育は子どもたちのために行われるものである。

その子どもたちが活動するのが未来社会である。

すると教育は、未来社会をどう予測するかということの下に語られるべきことになる。

また逆に、教育がうまくいかない場合、それは未来予測が間違っていたことが原因ということになる。

ともあれ、教育は子どもたちの未来の生活が幸福になるように行われなければならない。

そのためには未来の生活についての予測が必要である。

◎未来生活を素描する

未来生活とは言っても何か緊急危急の事態が起こった場合のこととは話は別である。そこでは民族的な生存力が問われることになるはずである。

しかし、ごく当たり前にこのＩＴ／ＡＩ社会がこのまま進んでいくとすれば、そこではより多くのことが機械化されて、その結果一人ひとりの労働時間が短くなることが予想される。もちろん、機械に置き換えることができる仕事、例えば事務的作業などは皆機械にとって変わられるから、そうした仕事は激減するはずである。

でも私たちの生活を支えるありとあらゆる局面の仕事で働く人が必要なことには変わりはない。大工さん、水道屋さん、ゴミ収集、原子力発電所、橋梁工事、介護士、看護師、保健所職員、コンビニ・スーパーの従業員……。私は、この人たちの収入は将来的に他と比較して悪くなく時間的に楽なものになるだろうと予想する。また、これが専門領域の特殊性の高い仕事であれば、短い時間で高収入を得ることもできよう。

私たちは車を運転する。それはどこかへ移動するためだ。もし自分の足で移動すれば1時間かかるところが車だと5分で行ける。これは私たちが車という機械を使って時間や労力を短縮化できることを示している。高層ビルのエレベーターなどもまさにこの代表である。

機械が増えれば、労力が軽減され時間が節約される。こうしたことが生活の局面でますます増えることになれば、当然そこに起こるのは、「余暇時間の拡大」ということになる。

未来社会では、ＡＩ、ロボット機器のさらなる発達により、必要労働時間が短くなる。ゆえに余暇時間が長くなると予測される。

もし1日当たりの労働時間が6時間で、週休3日制になるとどうなるか。

朝9時から昼食時間を挟んで16時まで働き、これが終わるとどうするか。24時に就寝すると、それまでに約8時間ある。労働時間より余暇時間が長くなる。そしてこれがこの人間のおかしなところで、ちょっとした余暇時間に何もしないでいることができないのは電車内のスマホでもお馴染みのこと。逆に退屈すれば空腹同様に死にそうになる。しかも毎週3日間の休日をいかに過ごすか思いつかなければならない。

すなわち、未来生活における幸福とは、余暇時間を上手に過ごす能力にかかっていると言えるのである。

余暇時間、これはギリシャ語で「スコレー」と言い、ラテン語では「スコラ」、「スクール」の語源だという。

これはおかしなことである。暇な時に行く所が学校ということになり、学校は暇潰しに行くはずのところなのである。

古代ギリシャ市民社会は奴隷制度の上に成り立っていたから、市民は午前に必要な指示や書類確認などが終わるとすることがなくなってしまう。すなわち「スコレー」の時間になる。するとどうするか。友人を訪ねて談笑する。文学・芸術・哲学の議論をする。アゴラ（広場）へ出掛けて必要な物や情報を得る。スポーツを行う。ローマでは浴場に行くというのもあった。そしてその中に学問をする、自己の好奇心の対象を探求するということがあった。

今日の一般市民には、「奴隷」がいるわけではないから、自分の生活の糧を得るために自ら労働する。移動時間を合わせると、起きている時間の半分以上を労働時間に充てていることになる。これでは余暇時間は、労働の疲労を回復させるリラックスタイムになって、多くの者はテレビやネットや他の電子機器での情報吸収の時間に充ててアタマもカラダも働かせないのが普通であろう。これがもし、労働時間が6時間以下になり、逆に余暇時間が8時間以上になった場合何が起こるか。しかも3日間のまるまる休日が与えられる。そもそもリモートで毎日出かける必要がない。

どうする？　寝るたって限界がある。ず～っとモニター画面ばかり眺めることにも飽きる。何かがしたい？　でもその何かとは何か？　自分がしたいこと、するべきことはなんなのか？

自分が暇な時に何をするべきか？

この答えを得る者には、あたかも子どもたちがそうであるように、いかなる「哲学」も必要ない。

そして、この時、自分のすべきことがここまで述べてきた「ヘンタイ行為」であると結論する者は、やや精神を病んでいる状態の存在とも言えよう。もしそれが、知り得ずしてしていることなのであれば、それはかえって子どもたちから見れば、「完全にヘンタイ」である。

「ヘンタイ」を自覚しないでいることほどの『ヘンタイ』はない。

「ヘンタイ」は『ヘンタイ』であることに気づかない。

しかしその者の精神の病みは、その者が自発的に起こしていることではなく、その者の「環境」が引き起こしているものであると言える。

我々のすべきは、彼らを憐れむべきことであるが、その前に彼らが「ヘンタイ」であることの「規定」が欠かせない。

この「ヘンタイ」の認識のために必要なのは、まず自分が本当にしたいことは何であるのかを強く問う習慣で、それは「起立・礼」によって捨象されるはずのことである。

自分の時間が与えられる。

その時、人は「自由」である。

その時、今の自分に必要なことは何で、そのために行動するためにまずすることは何かと問いかけることができる習慣がある者は幸いであるが、「起立・礼」教育によってそれができなくなってしまった者は、その時間を「娯楽」に売り飛ばすしかない。「娯楽」の方は、予《あらかじ》め、電通、あるいは吉本興業様などたちが、いくらでもそのことを読んで「準備」して下さっている。「ニュース」も「スポーツ」も「娯楽」にほかならない。「娯楽」とは「ビジネス」の一環であることを忘れてはならない。

自分のための「自由時間」を、人が用意した「娯楽」で一生過ごす。このことに自覚的になれない者は「幸い」である。

彼らは、「創造」の苦悩を味わうことがない。

電気の節約を考えることはできても、自分の時間の使い道を考えることができない。言うまでもなく、これは「不自然」なことと思われるのであり、その習慣づけをしているのが「教育」であるとすると、それはそこから逃げようとすることが当然の、できたら「おさらば」したい「場」であることが浮かび上がる。

気がつかない。気がつけない。思いつかない。

大切なのは、社会的地位でも高収入でもなく、自分がやりたいことを自分で決められて、それを実行に移すための「余暇時間」の確保と、そのことによる「自己向上」の感覚感受である。そして、そこには何も恐れるものがない。

「現状」ではそれは「不可能」と思わざるを得ない「境遇」にあって、本当は期待できないはずの「幸福」を求めざるを得ない状況に人々を追い込むこと、このことが明らかに「悪」であることを、目覚めた人たちは理解してほしい。いや、言葉でなく、感受し直感してほしい。

「幸福」は自身のやりたいことを問い、そしてその答えの実現のために動き出せば、誰でも手にすることができる。そうではない人が大多数なのであるから、いずれ必然的に「成就」する。

◎余暇時間が与えられた未来で、人は何をするべきか

自分に十分な余暇時間が与えられた場合、人のするべきことは何か？

ほかならぬ古代ギリシャの市民社会で、若者の精神風俗を紊乱《びんらん》する存在として死刑を宣告されたソクラテスは、弟子の一人のプラトンが書いた『ソクラテスの弁明』の中でこう述べている。「財産や社会的地位の獲得に対する顧慮を、霊魂の最高可能の完成に対するそれよりも優先してはならない」（岩波文庫／久保勉訳より）。

すなわち、ソクラテスは、余暇時間を与えられて人間がするべきことは、霊魂の最高可能の完成に関することであると言っているのである。信じられないことだが、ここがデカルト、カントをはじめ、西洋の哲学者が必ず立ち返る起点である。

東洋では、これは「徳」のことを言うのであるが、私はこのことを、人が余暇時間にするべきことは自分を高めるような行為であると規定したい。

よく考えてみれば、芸術、哲学、文学、スポーツ、茶道、武道など〝道〟のつく分野、そしてあらゆる専門技術は皆、自分を高めることが目的で、決して人に勝つことだけが目的ではない。またこれらは個人の好奇心に基づいて自分から行うもので、他から強制されてやることではない。

しかし、自らこのことに気づいて、そのように生活できる人は少ない。でも、教えてもらえれ

ばそれを知ることはできる。

以前のクライアントで、神戸に住み、東京の丸の内の銀行に勤めている人がいた。17時に勤務が終わると同時に皇居一周マラソンを行って、歩いて5分のワンルームマンションでシャワーを浴びて夕食を摂り、悠々自適に読書などを行い就寝。早寝早起きで、出社前にまた皇居一周マラソンでシャワー。そして、金曜日の東京駅17時9分発ののぞみで20時までに神戸に帰り、家族と食事。

明くる土曜朝からは子どもたちを連れてトレイルランニングで神戸の山中を駆け回る。キャンプ、バーベキューを行う。釣りも行う。日曜日には自分の趣味も行う。本人がトレランの大会に出ることもある。いささかこの体力には驚くが、本人は無理をしない、をモットーにしているという。

こうして月曜の朝、新神戸始発の新幹線で東京に戻って出社する。これの繰り返しだそうだが、なんともすごい人がいるものである。

多くの人にこの真似はできないが、このエリート銀行マンはその教養と哲学から何が正しいかわかって生きているのである。

会社に勤めて十分な収入を得るには、ある程度の高学歴は必要。かと言って官僚にでもなれば拘束時間が長すぎる。労働時間に無理がない仕事を選びたい。転職も可能な視野に入れたい。結婚して子どもをつくるのは人生のまともな喜び。もちろんこれも手に入れる。あとは健康と自分の趣味。

こうしたことを自分で考えて、自分の身の回りの状況とうまく合わせて判断選択して行動している。そしてこれは決してやろうとしてやれないことではない。

労働時間が限られる専門的な仕事を持ち、自分を高める継続的な趣味を持ち、家族を持ち子どもを育てる。

これならソクラテスも許してくれることだろう。

以上はもう10年以上も前のことであるが、別にエリート金融マンになる必要はない。高学歴も必要ない。

こんな例もある。今はリモートでパソコン使用が盛んになったため、長野の八ヶ岳山麓の古民家を借りて改修し、小さいながらも畑も持ち、室内に薪ストーブを設置し、そこで仕事を行い、月に何度かどうしても必要な時には中央道で東京へ出るという人がいる。家賃がタダ同然。またほとんど出かけないから金もかからない。かかるのはガソリン代と光熱費。野菜は自分でも作ってしまう。

これでは暇ですることがなくて困るだろうと思う人もあるかもしれが、どっこい、広い古民家とその周りにはしなくてはならないことがたくさんある。まずは草刈り。これをしないとすぐボウボウになる。おまけに薪ストーブだから年中薪を調達してこれを割って乾かす必要がある。雪が降ったら大変だ。それでも時間がたくさん余る。

いや、彼はその時は音楽を行うのである。都会では周囲を気にして大きな音で弾けなかったトランペットなどの楽器も思いっきり演奏することができる。近くの者が訪ねてきてセッションすることも多い。これだと家族4人で必要生活費は軽く10万円以内で済む。子どもたちは自然環境の中で思いっきり遊ぶ。自由時間に楽器演奏。これならお金がかからない。仕事をさらに少なくすることもできる。

働かないのではない。電車に乗って職場に行くことをしない。自分の好きな時間だけ働くのである。そして余暇時間には自分のしたいことをする。つまり、余暇時間に自分のしたいことをするために、適宜に労働する。こういうのが「未来型」の一つだとも思えてくる。

◎余暇時間で自分を高める人材に必要な能力

余暇時間の有効利用を教えるのは学校の仕事ではないが、これからの学校教育には、子どもたちの余暇時間を大切にするという観点が重要である。ゆえに学校ができることは宿題や提出課題の義務をやめることである。「余暇時間があると、子どもがゲームをするから宿題をたくさん出してください」と言っている親は、自分が本末転倒なことを言っていることに気づけない親である。

余暇時間の有効利用を教えることほど、子どもの未来の幸福に直結することはない。それには子どもの好奇心や感受性を大切にすることが必要である。興味を持てないことを学ばせて、それを覚えるよう強要すること、これは発想や着想の能力を阻害する。自分がやりたいことを見つける力を抑制する。これに気がつけないのが「ヘンタイ」なのである。

さて、極めて単純であるが、シンギュラリティ直近の近未来社会における幸福に必要な力の一つは、労働時間を短縮し、余暇時間を有効に過ごす能力であり、それは言わば「遊び心」とも言うべきものである。「仕事」のために生きるのではなく、自分を高める「遊び」のために生きているということへの意識の変換である。

こうしたことを実現するにはどのような能力の育成が必要か。

◎言語力と発信力

労働時間を短くする、もしくは自分で選べるようになるにはなんらかの専門性が必要であることが多い。

専門家とは他にやっている人が限られるということであるが、他の人より特別うまいというのもある。

その専門家の代表は、やはり「学者」であろう。学者になるには、専門分野への強い好奇心、言語能力、情報収集処理能力、着想力、発信力などが欠かせないことだろう。

これらは学習に関する能力に密接に結びつくが、では料理の専門家の場合はどうか。

まずは料理芸術の天才魯山人《ろさんじん》よろしく、味と料理に対する強い好奇心。それから材料などに関する知識、それを知るための言語能力、味覚、道具、そして技術。これらの多くは学校で習うことと関係がない。しかし、どちらの場合も言語能力が役に立つ。

世の中が最も大きく変わっていることの象徴にYouTubeの存在がある。自分の周りのことを録画して編集してネットにアップする。Facebookやインスタグラムもそうだが、こんなことは20年前には想像もできないことだった。しかもそれで視聴者が多ければ十分な収入になることもあるという。

学者だって料理人だって、自分の専門性を動画に撮って流すことができる。しかし、それには言語力と発信力が必要である。また機材を扱う能力も欠かせない。そして、次々にネタを思いつくために着想力も欠かせない。またそれには実体験や情報収集能力が欠かせない。そんなこと、単に真面目にやっているだけでは身につかない。

◎数Ⅲの能力

岸田内閣は、閣僚8名が参加して「教育未来創造会議」を立ち上げて新しい教育政策の目玉にしようとしているが、それは簡単に言えば理系の人材を増やすことである。それには理系女子を増やすことが念頭に掲げられ、すでに東工大で「女子枠」が設けられようとしている。しかし、女子が理系を選ばないのは、その世界の男女差別が異常に強いからだという説もあるから、就職先に女子枠を設けるべきであると思っていたら、東大が教員採用に女子枠を設けることになった。

ＡＩ時代到来にもかかわらず、それに対処するためのデジタル情報処理に関わる人材が圧倒的に不足している。その数、軽く10万人以上だという説もある。政府がデジタル庁をつくろうとしても、その組織に参加するのは各企業からの出向者が大多数。自前で人材を賄えきれない。これは役所ばかりではない。企業でもその人材不足を補えない。

ビッグデータ処理、これには解析学の素養と、行列式・線形代数、そしてこれらを用いた統計処理の能力が求められる。これを学ぶには、数Ⅲの能力が必須である。だからこれは、数Ⅲまで選択して履修する人材の不足ということになる。

現在、日本人の高校生で数Ⅱまで選択履修する者は約80％だが、数Ⅲを選択する者の履修率は20％を切ると言われている。このうち数Ⅲを一応習得するまでに至る生徒は全体の5％を軽く下回ることだろう。東大の法学部に進む優秀な学生も、数Ⅲは学ばずにすます仕組みになっている。

経済学部に入って数Ⅲができないのならば、その時点でお話にならないことになる。ゆえに京大経済学部は数Ⅲｃの入試を課す理系枠を設けた。早大政経は、慶應経済に後れをとっていたが入試に数学を取り入れた。イギリスのボーディング・スクールからロンドン大学経済学部に進学した生徒は、「向こうでは経済学は完全に理系の学問」と言った。

今や、統計データ処理ができない人が企業のＣＥＯになることはあり得ない。これを他の者に代行させることは会社の極秘内容を漏洩《ろうえい》することになってしまう。そのことは日立の生き残り、東芝の衰退、ダイキンの成長、かっぱ寿司の社長逮捕事件などにも現れている。そして、新たに起業される企業のほとんどはＩＴ／ＡＩ関係の会社である。

世の中は数Ⅲができる人材を求めているのであり、それより以前の数学は、実践的価値がほとんどないものなのである。では、なぜ我が国では数Ⅲを学ぶ生徒が少ないのか、これこそ岸田内閣が本当に問いつめるべき問題である。単にリケジョを増やせばすむと思ったら大間違いである。

実は我が国の数学教師のほとんどは、教育学部出身である。教育学部は「文系」であり、東大でもその入学試験には数Ⅲがない。また、数学の教師免許を取るのに必ずしも数Ⅲの素養は要らない。つまり、教師たちに解析学はおろか数Ⅲの素養がないのであるから、その教育が成立するはずがない。都内の進学高の理系生徒はＳＥＧ[注13]などの工学部・理学部出身者が教える教育機関に通ってこれを補っている。教師が教えられないのに、これを習得できるのはどんな生徒であろうか。私は知っている。それは数学を脳内でイメージして行う力がある子どもで、なおかつテキストの読解能力が順調に伸長している生徒である。

グラフや図形をアタマの中で動かせる。そして横書きの理系テキストを確実に読み取る。こういう習慣がついた生徒は、数Ⅲに対処できる。ところが、日本の数学教育では、小学校から10年以上学校で学んでも、所詮ドリル計算演習学習の延長線上で、紙の上で言葉を用いてイメージする能力をつけることは重視されない。そのスキルを身につける者はごく一部で、その者たちは「数学がデキる」ことになる。

一方、大学へ入るための最も大切な能力である、横書きのテキストを読んでその内容を理解する能力は、その「解説」と称する教師の授業を受けるために疎かにされ、伸ばすことができない。教師の方も生徒がテキストを読んで理解できるのであれば、自分の授業に意味がないことになるから、テキストは軽視するように仕向けられる。

多くの生徒が、この数学的イメージ力とテキストを読む能力を育成する機会が、教育のために奪われて、数Ⅲに届かないのが実情であると思う。

もう一つ。高校生たちが数Ⅲに手を出さないのは、他の教科の勉強が忙しいからである。大学受験用の英語は覚えることが驚くほど多い。学校以外に塾や予備校に通う者も多い。文系なら日本史か世界史を選択すれば、これまた覚えることが多い。国語の古文は文法を含めて面倒くさい暗記物だらけ。国立大を目指すなら、英数国のほかに社会2教科、センター共通テストにはさらに理科も加わる。毎日6時間学校へ通ってその予復習の上に受験勉強。寝る時間もないというのに、さらに数Ⅲなんてやっている時間がない。手が回らない。

理工学部志望者だけが数Ⅲを通過することになり、その数は近未来社会が求める数からは圧倒的に不足しているのである。

つまりこれは、数Ⅲまで届く素養を持たせる教育が行われなければ、まあ解決されない。逆に言えば、もし数Ⅲまで通過できるように子どもを育てれば、将来の食いっぱぐれはまずないということになろうか。数学力が身につけば未来の職業選択に苦労はない。この分野は、ますます選択肢が広がるはずである。学校はイメージ力を大切にして、算数・数学テキストを理解する力をつける教育をするべきである。

注13　理数系科目を中心とした、小中学生を対象とする学習塾

◎日本語の了解・運用能力

ここまで、労働時間の選択と短縮が可能な、近未来的に専門性のある仕事ができるようになること、そして余暇時間に自分にやりたいことを持ち、それによって自分を高めようとすることが大切であることを示した。

高度な何らかの専門性を身につけるためには、「資格試験」に通る学力が必要であることが多い。

その代表は、医師、弁護士などであるが、そのために必要なのは、日本語の了解・運用能力である。テキストも授業も日本語であり、選択肢試験も日本語である。高度な日本語が使用できなければ、テキストを読みこなして理解することも、選択肢文を読み切ることもできない。また、レポート記述の能力は必須である。

この国で高学歴を得ようとするには、日本語の了解・運用能力をまず身につけなければならない。その力を培う教育が必要である。日本語を読み、話し、書く、この力の基をつけるためには、小学1年での音読学習にもっと力を入れるべきだと思う。その際、音読をしているうちに自然と文字が読めるようになり、やがて文章が書けるようになるという順序でやってほしいと思う。

中高一貫公立校ばかりでなく、私立の中学校も文章が書ける子どもを採ろうとしている。大学の付属校の推薦入試は小論文のオンパレードだ。一般入試でも記述解答を求める学校が多い。大学入試はどうだ。今や半分以上がA・Oで進学を決め、そのA・Oで問われるのが面接と小論文の能力。つまり文章が書けるようになっていれば、自分の学びたいことが学べる大抵の大学に進学が可能ということになる。

これはヘンなことではないか。日本語で自分の考えが述べられれば、それだけで受験にやけに有利になるのである。

これは裏返すと、日本語で自分の考えを述べることができるようになっている生徒がごく少数で限られるということである。

そして、これによって高大接続システムは「手遅れ」ということになってしまった。

小学1年から高校3年まで12年間、毎日のように国語の学校教育を受けて、多くの者が自分の考えを文章化できるようにならない。これは明らかに「詐欺」であり、でなければ「茶番」である。

同じく小学1年から高校3年まで12年間数学の学校教育を受けて、これからのAI社会で活躍するために欠かせない数Ⅲの素養のある者がごくわずかしかいないというのはヘンである。教育に何らかの欠陥構造があるとしか思えない。

英語だってそうだ。何で中学1年から高校3年まで英語を学んでろくすっぽ会話できるようにならないのか。スピーキングテストをやる前に、何でそうなっているのかを究明しないで、それを始めればまた混乱を招くばかりになる。スピーキングテストをまず受けるべきなのは学校の英語教師たちなのではないのか。

とにかくこれらのことをとっても、学校教育が信頼に足るかどうかは疑わしいので、未来の幸福を考える親や生徒たちは独自にそのための能力を整備する必要があることになる。

第五章

日本教育の「ヘンタイ」性はもはや罪である

――着想する能力を阻害し、言語力を育てない

さて、ここまで子どもたちが嫌う既成教育のヘンタイ性と、そこに欠如する未来社会の幸福追求のあり方について述べてきたが、それらのことを総合して、最後に、私が長年の間不思議に思ってきた、日本の教育の最も大きな「ヘンタイ性」についてここで述べてしまおうと思う。

◎「着想」の大切さを理解できない

それは、この世の中が資本主義社会であることを子供に教えないことである。

資本主義社会では（いやそれ以前の社会から）、誰かビジネスを思いついた者が、資本を得て、それを実行に移し、利潤を得るということが基本構造になっている。テレビなどを通じて流れるCMはまさにそのビジネスのためである。

このことを知ると知らないとでは大違いだ。

人々は裕福になるために、もしくは「階級」を上げるために、学校の成績を優等にしようと思う。でも、実は、もしこの社会で「裕福」になりたかったら、自らビジネスを想起し、資本を得て、人を雇い、これを実行に移すことが正道である。もちろん一人で商店を開くのも同じである。

モノを売る。もしくは、サービスを売る。

それには、その「着想」が必要である。

だから、もしもこの資本主義社会で「裕福」になりたいのなら、人が欲しがるモノやサービスの「提供」を着想する力がなければならないことになる。

着想力――何かを思いつく力は、「気をつけ！　起立・礼」教育では、余計なものとされ、評価されず逆に抑圧される。

例えばＡＤＨＤ――それは何かをしている最中に、それ以外にもっとイイことを思いついてそれに集中が移ってしまうことでもある。だから、薬をもらって何も思いつかないアタマにすればこれは治る。しかし、これでは何も思いつかなくなるではないか。

恐ろしくはないか。こんなことをして平気でいるのは。

今の教育システムは、大人の自己都合の教育のために、子どもの大切な着想能力を奪うのである。

これぞまさに「ヘンタイ」である。

着想する能力を捨てて生きている、「守旧的」、「保守的」存在。子どもたちから見れば、完全に「過去的」人間である。

「ケチ」をつけることで「着想」を捨て去っていく愚かな「体制人」。

そんな奴は高学歴を誇る者の中にゴロゴロいる。

彼らは学校教育を真面目に受けすぎたために、何も新しいことを思いつけないのだ。

だからこそ、「ケチ」をつけて、自分も「意見」があるかのように装って誤魔化《ごまか》そうとする。

既成の価値から見て、「ケチ」をつけることが仕事であると思い込まざるを得ない、自己保全的であることを自覚しない無意味な存在なのである。

アイデアを出さない。

「出さない」じゃないだろう。「出せない」が本当のところのダッセー高学歴「社会的リーダー」たち。

個人の「夢」の追求よりも、社会的優位性の獲得を目指した者たちの成れの果て。

子どもたちが苦しんでも平気の平左の社会的トップを自認して活動している人たち。

そこには、新しい「夢」の誕生を願うことのできない、既得権益的で、社会の衰退を自己の立場の保全のために容認する人たちがいる。

そして、そこには確信的「愚民化思想」がある。

体制を覆す可能性がある、「未来創造」をもたらす者は、「自己保全」のためには有益ではない捨象するべき存在なのである。

そして、当然のごとく子ども特有の夢見る力を阻害する。

おとぎ話の中の最後は大抵、裕福になることである。

ごく一部の人たちだけではなくて、すべての人が裕福になることを夢見てはならないのか。この「富」を追求する資本主義社会で。

その資本主義社会で大切なことは、ビジネスを思いつく力である。また、それを実行に移す力である。

決して、「上」の命令に従う能力ではない。

ともあれ学校で絶対に教えないこと、それはこの社会が資本主義社会で、裕福さの追求はビジネスで行われるのが正当であるということである。それよりも組織の命令通りに動くこと、その能力ばかりが要求され、そして培われる。それはいったい何のためなのか。考えたくなくても考えてほしい。

閑話休題。

筆者が小学校2年生の秋のことである。学校で理科の時間に先生が、「次の授業までにコオロギをとってきてください」と言ったら、隣の女子たちが「困った、困った」と口にした。そこでヒラめいた。これは実に簡単なことである。私はコオロギがいる場所を知っていたのである。

放課後、友達ふたりを誘って、バケツと魚捕り網やビニール袋を用意して、学校校舎裏の畳が捨てられている場所へ行った。私が濡れた畳を一枚持ち上げると、そこに信じられない数のコオロギがいた。ぴょんぴょん跳ねて逃げるそれらを片っ端から捕ってバケツに入れて網で蓋をする。およそ3分で100匹以上は捕った。そしてこれを持って家へ戻ると、縁の下にあった、婆さんが捨てずにとってあった小瓶群を引っ張り出して井戸で洗い、コオロギを5匹ずつ入れて輪ゴムと新聞紙で蓋をして竹串でポツポツと穴を開けた。おまけで草も入れた。

これを自転車のカゴに乗せて校門前に行き、行商よろしく、「コオロギ5匹5円」と書いて売ろうとした。

「絶対儲かる！　みんな買うに決まっている！」

当時はコロッケが1個5円だった。

しかし、すぐに他の学年の先生の目に留まってやめさせられ、職員室に連れて行かれて担任の前に引き出された。

「どうしてこんなことするの？」

「それは金儲けしてコロッケを食うためです」

「いけません」

「どうしてですか？」

「子どもがお金儲けのことを考えるのはいけないのです」

「どうしてですか？　大人はみんなやっているじゃないですか」

「ダメなものはダメなのです。子どもがお金儲けみたいなことを考えるのは良くありません。そんなことをみんなが始めたら大変なことになっちゃうでしょう」

いや、そんなこと思いつく者は他にいなかった。

つまり、私ほどの「バカ」はいないということだった。

明くる日の授業で、先生は、

「今日は松永くんたちが捕ってきてくれたコオロギでお勉強します。みんなさん感謝しましょう」と言ってくれたが、なんか判然としない。面白くない。満たされない。

コオロギを捕ってこれたのは、我々のほかにはほとんどいなかった。捕れても1匹か2匹だった。

経済学者の娘であった母は、この話を聞いて噴き出した。この母親はいつでもこういう時に笑うのである。

商人の息子である父は、「この子には商才があるのかもな」と口にしたそうだ。

つまり親は怒らないのである。

でも、外で子どもが商売の話をするのは禁じ手であることはわかった。

その理由は、子どもはまだそんなことを考える必要がないということだった。

子どもが「ビジネス」のことを考えてはいけない。

そんなの1945年の秋以降、上野の地下道に集まった戦災孤児には無用の言葉であろう。

生き残るためには、食い物を得るためには何でもする。それがパンパン同様、坂口安吾的本当の姿だ[注14]。

でも問題は、その衣食住が叶う時代になったらどうするかということだ。

それは、「余暇時間」を有意義に過ごすことにほかならない。

しかし「学校」はそれを絶対に教えない。

いや、そのためにこそある。

個人が思い思いのことをする時間と「知力」をできるだけ奪う。

「ルール」を叩き込んでそれに従わざるを得ない精神状態に「飼育」する。

それに気づいて金のある者は私立に抜ける。でもそれでは「不公平」だから、中高一貫公立校をつくってお茶を濁そうとする。

どこまでいっても、「お茶濁し」。だって、実は「上」からのご指示は「旧体制のご維持」。自分たちの立場を維持するために、「愚か」と認定している大衆をとことん利用しつくす立場をとらざるを得ない未来に向けては存在価値のない者たち。

たわいもない昔話で恐縮だが、子どもはビジネスのことを考えてはいけない、この資本主義社会でそんなことを教える必要があろうか。昨今よく耳にする「ディープステート」なるものがいれば、思わずニンマリすることだろう。

それどころか、ビジネスを思いつく力があるように育てるのが資本主義社会での教育の本来の姿であるべきなのではないか。そして、そのための学力をつけることがその仕事になるのではないか。しかし、決してそうはならない。それがなぜであるのかは、ここまでお読みいただいた皆さんもうおわかりの通りである。

ところが世の中は大きく変わった。携帯電話が出た頃はまだ序の口で、次にインターネット、スマホが広がると、ビジネスはこれまでとは全然違うものになった。

例えば、自分で何か良い商品を思いつき、それを入手して、ネット上で販売することは今や誰でも可能である。昔は、お店があってそこに店番や配達人が必要だった。しかし、今はそんなことはない。ＰＣでチェックするだけでいい。

とにかく、人が喜ぶモノやサービスを着想すれば、あるいはその紹介、流通を担えば、すぐにビジネスを実行に移すことができる。会社をつくるのも簡単である。資本もほとんど必要ない。

しかし、着想するだけでは絵に描いた餅である。それを実行に移す時に必要なのは、そのこと

注14　第2次世界大戦の敗戦により、日本は極度の貧困と飢餓に見舞われた。その社会を生き抜くために自分のあらゆるものを懸けざるを得なかった状況を、「パンパン（占領軍相手の街娼）」、「坂口安吾（無頼派と呼ばれる、戦後の混乱した世相から、人間の本質的部分を洞察した作家）」により、比喩的に表現している（編集注）。

に必要な知識や情報を吸収することであり、また自ら発信する能力である。そしてこのベースにあるものが「言語力」であることが浮かび上がってくる。

ビジネスをするには、自分の考えを人に伝える力がなくてはならない。言うまでもないが、それは言葉を用いて行われる。また仕事を人に頼む場合も言語力が必要である。自己の商品の紹介も言葉がベースになる。そして契約書は言葉で書かれている。

とにかく、ビジネスをするために最も重要な能力は言語力である。

以前、会社経営者たちが集う懇親会に紛れ込んだことがあるが、一人ひとりの自己紹介を聞いて、経営者に共通する特徴とはよく本を読んでいて話がうまいことだと知った。

またビジネスを行う者が、計算ができないということはあり得ない。数値計算を、経営思考するアタマの中で同時にこなすことができるからこそビジネスができるのである。

この世の中が資本主義社会であるならば、まず徹底して教えるべきことは言語であり、イメージ数値把握である。それは言語を使うことであり、数値をイメージで扱うことである。

我が国の経済や学術の停滞は、新規にビジネスやテーマを想起する能力のある人材が不足しているからであり、それは明らかに現在の学校教育と教育システムのためである。

これは優秀、非優秀に関わらない。

「優秀」な者の多くは、真面目に誠実に勉強し、レトリック暗記のセンター試験のための準備学習を行い、その上で筆記型多教科の国立大などの試験に対処する。これは優秀な者でも簡単なことではない。しかし、この勉強を続けると、知識の吸収とレトリックの扱いが学習の中心になってしまい、イメージしたり着想したりする能力は阻害される。つまり優秀ではあるけれども何も思いつけない、学者やリーダーに向かない人材になる。

「非優秀」の場合はどうだ。学習することが得意でない彼らは、なんとか学校の言う通りにすることだけが勉強と思い込み、それができない者は勉強嫌いになる。そしてその時、言語能力の伸長や数値イメージ能力の習得の機会を失う。文章が書けず、本も読まない、数値計算も苦手な人間になる。この人たちが大きなビジネスをすることはできない。アイデアを実現する手段を持たない。多くは給与をもらって労働する道を選択する。そして余暇は人の作った娯楽で暇潰しをするようになる。どちらにしても「損失」である。

ゆえに、資本主義社会で最も大切なビジネスを想起する能力を奪い、そのために必要な言語を運用する能力と、絶えずついて回るお金のイメージ計算能力の伸長に力を入れず、単なる暗記と作業学習に子どもを埋没させる教育は、これからの社会から見て、なんのためにやっているのか全く理解できない「チョーヘンタイ教育」であると言える。

◎愚民化政策の勝利

どう考えてもおかしい。とてもではないが、子どもたちの未来を考えてやっている教育とは思えない。私は30年以上前から選択肢マークシート型の全体試験は子どものアタマに悪いからやめろと叫んできた。これは試験そのものというよりも、その試験のための準備学習が無意味だからである。そもそもこれは、大学紛争を起こすような「優秀」な学生が出ないようにすることにその目的があったと考えている。

選択肢の試験とは、選択肢の中から正解を選ぶもので、自分で考えて答えを出すものではない。その対処のため学習は暗記偏重のものになりがちで、また細かいレトリックを読む練習が必要になる。これらを過度に行うと、イメージしたり着想したりする能力が損なわれる。自分で考えるのではない。そこにある正解を選ぶのである。どう考えてもこれを繰り返すのはアタマに悪い。

普段の学校の予復習、その一方で志望大学合格のための受験勉強、さらに共通テストへの対処となれば、上級校進学を目指す高校生は、本を読むという精神的余裕も時間もない。ましてや文章を書く者もいない。友達とゆっくり語り合って思索する時間もない。余計なことは全部排除。忍耐のもたらすストレスはスマホとゲームで解消。いいではないか。平和で安心してご飯が食べられて、我慢しなければならないことがあってもそれは自分のため、それに「遊び道具」は無限にある。世の中のことなんてカンケーない。ネットだけで十分。別に無理な努力や体験をする必要もない。暗記だけしていればそれでなんとかなるなら楽だ。こう考える若者が学生運動なんて思うわけがない。学生運動どころか、社会批判も行わないし、選挙にも行かない。見事な政権側の勝利である。

しかし、「勝利」の後には「衰退」がくる。

その衰退は30年後に現れた。それは国際社会の動きに対処することができる若い人材が不足することであった。それは単に英語力の不足によるものではなかった。すでにお伝えしたIT／AI関係で働く人材の不足だけではなく、新しい科学技術やビジネスを開発する高等人材にも不足が出るようになった。それは先に述べたように、優秀とされる者たちの多くが受験勉強のせいで想起力が弱まった人間にさせられているからである可能性が高い。また考える力が弱い人間も増えて、「指示待ち症候群」というような言葉も流行《はや》った。

そして、そのことは高大接続システム改革の試みの中でさらに明らかになった。試行試験の結果、日本の子どもたちのほとんどは、文章解答試験にまともな答えを書けないことが判明したのである。多くは選択肢の試験にしか対応できないことがわかったのである。これでは自分の考えを持つことなどできるわけがない

言う通りに我慢して教育を受けてきても、自分の考えを文章化することができるようにならな

い、してはくれない、とは何ともおかしなことである。「言語道断」である。
しかし実は、これは考えようによっては少しもおかしなことではないのである。

◎『老子』、『韓非子』の引用から透けて見える為政者の思惑

宮澤喜一（1919〜2007）と言えば、1991年に自民党総裁選を経て第78代内閣総理大臣を務めた人物である。東大法学部を主席で卒業したこの人は、優秀ではあるがプライドが高いためか自民党内で人気がなく、87年の中曽根裁定では指名を受けることができず、続く海部内閣でもリクルート問題の延長で干されたが、1991年に自ら自民党総裁選に立候補し、その直前に軽井沢の別荘に籠《こも》って思索を練った。

別荘から戻って、記者団の「別荘の中で何をしていたか?」と言う質問に対して、彼は「『老子』を読んでいた」と明かした。

私は驚いた。資本主義政党である自民党の政治家が、総裁選の前に読む本が『老子』だというのである。

『老子』はおおよそ無為自然と「道」のことを述べる書物であるが、私は何度か生徒たちとこれを会読した結果、この書物は、老子がバラバラに発言したことをメモったものに注釈を付け加え

たものであるということになった。そのために、論理的な連続が見られないところが多々あるが、それが中国人の思惟方法の特徴の一つなのかもしれない。

しかし、そこにあるのは、独立した小規模な小国家の形成の勧めであり、余計なことを求めない、いわば「原始共産制」を良しとするような内容である。それを資本主義政党の総裁選に立候補して内閣総理大臣を目指そうという宮澤さんが別荘に籠って読むという。宮澤さんがどのように読んだのかは謎であるが、その第65章に以下のような文章がある。


「昔のよく道を修めた者は、人民を聡明にしたのではなく、愚かにしようとした。人民が治めにくいのは、彼らに知恵があるからである。だから知恵によって国を治めれば国が損なわれ、知恵によらないで国を治めれば国が豊かになる。

この二つのことを弁えることは、国を治める法則である。」(岩波文庫/蜂谷邦夫訳)

この「愚」とは必ずしも悪い意味ではない。中国や韓国では名前に用いられることもある。その意味は「さかしらな知恵を働かせずに、素朴に自然に順応すること」くらいのものである。

いずれにせよこれは、人民が賢くなれば国が治めにくくなることを示している。古代において、人民に知恵を与えないとは文字を教えないということである。そして、為政者側は、あまり難しい決まりを作らない方が身のためということであろうか。

東大法学部出身者以外をまともな人物として認めなかったという超優秀な宮澤さんは、この項を読んでどう思ったであろうか。強く納得したのではないか。いや宮澤さんだけではない。歴代の自民党の政治家はおおよそそう考えていたのではないか。

同じく『老子』第29章に、以下のような言葉がある。

「天下を治めようとして、ことさらなことをするならば、それは治められない。天下は神聖な器であり、ことさらなことをしても何とかなるものではない。ことさらなことをすると壊してしまうし、捕らえようとすると失ってしまう。

世の人々の中には、自ら行く者もあれば、人に従う者もいる。温厚な者もいれば、性急な者もいる。強壮な者もいれば脆弱な者もいる。自愛する者もいれば自棄になる者もいる。」

これを、内閣総理大臣を目指す自民党総裁選の前に読んでいたことを記者たちに明かすことには、いかなる意図があるのだろうか。記者たちのほとんどは『老子』をまともに読んだことがなかったであろう。これを聞いた国民も、『老子』?　古い中国の書物?　さすがアタマがいい人は読む本が渋いねとか思うのであろうか。

2005年に、堀江貴文氏のライブドアによるニッポン放送買収問題で、フジテレビ側の「ホワイトナイト」として登場したSBIホールディングスCEOの北尾吉孝氏は、記者会見で、趣味は中国古典で愛読書は『韓非子』、毎朝これを読んでいると明かした。

私はこれを聞いて耳を疑った。『韓非子』を読むことに問題はないが、それを「愛読書」と公の席で語ることはバカげたことであると思われたからだ。

『韓非子』は、その信賞必罰の法体系による支配制度を、秦の始皇帝が採用して初の中国統一を実現させた書として有名であるが、その揚搉《ようかく》第八に次のような記述がある。

「およそ政治が最もうまく行われているときは、下々ではそれがわからないものである。君主が臣下の言葉と実績とをつきあわせてその一致を求める形名参同を行ってさえおれば、人民はその職務を忠実に行う。」(岩波文庫／金沢治訳)

『韓非子』は、『老子』の影響を強く受けた書物であるが、そこで説かれるのは、いかに家臣に隙を見せず統括支配するかというメソッドである。

同じくそこには、

「君主がはかり知れない神秘の中にいるのでなければ、下々は手がかりを得てつけこもうとするであろう。君主がすることが当を射なければ、下々は一定の決まりを盾にとって批判することだろう。」

という記述もある。

これを密かに読むのはいいが、記者会見で愛読書であると口にするのは愚かさを露呈していることになる。『韓非子』の内容がわかっていないのかもしれないと思ってしまった。ところがやしばらくして、何かの機会にこの人のホームページを開くと、そこには愛読書は『論語』とあった。これなら世間に自分の考えていることをわからないようにすることに成功するので正しいことになる。中国古典からもさまざまな学び方があるものである。

さて、そんなことよりも、ここで私が読者に喚起したいのは、この『老子』や『韓非子』の思想が教育に用いられているということである。

人民を愚民状態にする。上の言うことを絶対視させる。細かい規則や役割を定めてそこに信賞必罰の評価支配を行う。

これは、まさに我が国の学校教育で行われ続けていることと同じである。すると、我が国の教育は儒教的な上下思想をベースに、老子の愚民化思想を取り入れてこれを容認し、そして韓非子的法家《ほうか》思想で統制するということをしてきたと言えまいか。そして、これのどれもが「古臭い余計なもの」として子どもたちに嫌われてきたのである。

――先生を崇《あが》めろ、言うことを聞け、余計なことを考えるな。そうしないと隔離されるかボロボロの成績評価になるよ。

――時間通りに来い、単純反復作業を嫌がるな、提出物の期限を守れ。

尊敬できない人物からの一方的な授業を受け、その言うことを聞かされ、個人の発想は無視され、常に成績評価に脅かされる。

勝手に決められたルールで、細かく縛る。

そして、未来につながるアタマの働きを教えない。

簡単に言って、そこには「自由」がない。意味がない。面白くない。役に立たない。つまり、「空気が悪い」。刑務所と変わらない。

不登校になる子どもが増え続けることにも納得がいくというものである。

◎「美しい国」とはどうあるべきか

こうした教育を受けざるを得ない人たちは、その教育を受ける中で、実は自分だけが良ければいい、自分の所属する集団内でだけポジションが良ければいいという考え方になりがちである。

そして、そう考えない日本人は一般に稀なのではないか。隠したってしようがない。我々はそういった思惟習慣を強く持つ「民族」なのである。

「大和魂」だってそれは国内に向けてのことで、それを海外に向けて発信しても「ヘンタイ」に思われるだけであろう。

それは、良くも悪くもない。

でも同時に、なぜ、自分に良い、自分が与えられた時間に何をするべきかは考えないのか。何で自分にとって一番良い状態を自分で考えないのか。

「大和魂」は自己表現である。

それは、自分はこの世界で唯一の存在の日本人であることの「宣明」である。

その「唯一」のものであるはずの者は、この国際社会、どの国から見ても未来的「手本」となるようなものでなければならないはずである。

そして、子どもたちへの「教育」こそが、これを可能にするはずである。

「理念」なんてどうでもいい。ただ個々人が個々人なりにこの日本という環境、土壌、気候下で最大限の自己の完成を目標とする。

大人は、子どものために、その教育環境の設定を行う。

それでどこが悪いか。

子どもたちの未来のために、最大限のことをして見せた国、それでこそ「美しい国」と呼ぶことができよう。

しかし、その現実は「少子化」である。

子どもをつくらない人が増えている。

それは自分を生み育てた社会による教育に、不満や嫌悪の気持ちを持つからでもあるはずだ。

この国の教育はヘンタイである。

この地球上に、過去も現在も未来も、自分と同一の者は再び現れないという「境遇」を与えられて、そこで人間のするべきことは何か。それは、ユダヤ人も、キリスト教徒も、イスラム教徒も、他のいかなる宗教においても、その与えられた「可能性」の最大限の増大と増殖に努めることにほかならない。

つまり、個々人が個々人なりに最大限の人間的成長を実現して、それが現在、未来の社会のために役立つこと、それを後押しするのが「教育」であるはずである。個々人の個々人的な成長を阻止しないのが教育であるべきである。そして、そうした営為で、国を栄えさせようとする指導者は「マトモ」なはずである。他者の害につながることを優先しようとすることは考えないはずである。

日本のこの自然環境を十分に活用しながら、なぜ子どもたちを賢くしようとする教育に力を入れないのか。どうして、主体的に生きることが得策のグローバル社会で、言われたことを言われた通りにする人間を育てようとするのか。そうではなくて、自分で判断して自分で行動することができる人間をつくろうとするべきなのではないか。

でもそれができないのは、我々の社会全体がすでに「ヘンタイ化」しているからである。これを慣習化して意識しないために、その「ヘンタイ」状態に気がつかないからであり、その「ヘンタイ」の護持が我が国のカルチャーの基本であると信じ切るからであり、しかし、その「カルチャー」とは、何か新しいものを生み出し続けなければ衰退する宿命にあるものであることに無意識だからである。

この「ヘンタイ」性を自覚し、抜本的に価値観を見直し、その中の古き弊害になるものを取り除いて、全く新しいものを構築しなければ、年月を経るにつれ、確実に公教育は衰退し続け、やがて「瓦解」を迎えるのは必至である。しかし、それは子どもたちのすることではない。子どものために大人がすることである。

ではどうするか。

◎好奇心を大切にする教育

ここまで小生生徒の奥多摩作家連ならびにリベラルアーツ参加者の寄稿した文章を基にして、些か拙い「論考」を続けてきたが、最後に私が、公教育の教師でもなく、またチェーン進学塾の講師でもなく、純粋に個人指導の仕事だけで半世紀近くの活動を継続してきた経験から見た、我が国の教育の決定的な欠点を抽象化してみたい。

そこにこそヘンタイ性の極みがある。そしてそこにある「歪み」の原因を垣間見ることができると思う。

普通、教育とは、子どもに現状の社会で生きるために必要なことを教えようとすることである。しかし、子どもに何かを教えることと子どものアタマを発達させようとすることは違う。異なった事柄である。

確かに、子どもに言うことを聞かざるを得ない「体制」を作り、必要な知識を伝授しようとすることは合理的な観点から見ても正しいことだと思われるが、それはこれまでの産業社会の労働者として必要であったこと。今は、自ら学んで自ら発信する人材が評価される時代である。

すると、子どもに与えるべきもののコアにあることは、単なる知識の暗記やドリル学習や選択肢テスト練習ではなく、なんらかの形で子どものアタマが良く発達し、そうして自分のアタマがだんだん良くなっていくことを実感できる生き方を教えることだと思う。

実は、学問、学習、勉強の目的はアタマを良くすることにほかならない。それはスポーツで運動機能を高めようとすることと同じである。

能力開発——アタマが良くなるように子どもを導く。そして、自分なりの成長を習慣化させる。それを実現するには、子どもの好奇心を大切にする必要がある。好奇心こそ、知能発達の大本にあるものなのだ。学ぶ前に、「知りたい」という気持ちが湧いていなければ何も始まらない。それは光のない暗闇の中にいるのと同じである。「光」を感知する。そこからすべてが始まるのだ。

好奇心を大切にする教育。それはどうしたら実現できるのだろうか。

そもそも子どもが喜んで通い、喜んで学び、楽しく成長する教育とはどのようなものなのか。

◎未来の教育の理想像

以下は、教室で接する生徒諸君らと会話して、徐々に作り上げた「理想像」である。この実現がすぐに可能になるとは思えないが、いずれにせよ将来的には、こういう方向性の道を歩まざるを得ないと思われる。

まず、旧い仕組みを取り壊す。なくす。

クラスをなくす。ＡＩに生年月日を登録するだけ。

学年の壁をなくす。

「起立・礼・着席」をやめる。

定期の朝礼もやめる。

「先生」をやめる。「先生」と呼ばない。例えば「まっちゃん」とか「おっさん」とかあだ名で呼ぶ。

次に新しいシステムで自分の学びたいことを学べるようにする。

授業選択のシステムを取り入れる。自分の興味があることを選んで学ぶ。

ワークの宿題を出さない。何かを考えてくる宿題は出す。しかし義務はない。成績をつけない。各教科学習進度は記録される。やりたいことを選択する機会が多様にあって柔軟である。

ざっと、これらのことを実現するにはどうしたらいいかを考えると、次のようなものになると思われる。

繰り返しになるが、これから先の未来教育は皆、多分にこのような形になっていくはずであり、すでにその一端を担うシステムを提供する会社もあるし、ネット上にはさまざまな新しい教育の提案がなされ始めてもいる。私立で生き残りを図ろうとする学校などは、さすがにまだ始めているところはないかもしれないが、すぐに始めると思う。もし学校というものがこれからも存続するのであれば、おそらく近未来的にこのような形にならざるを得ないという思考の結果である。そして、これなら「不登校」も出ず、生徒たちも大歓迎であると言う。

まず、朝礼をやめる。ネットで校長や他の教員が通信を行う方が確実である。集会は特別の時にだけにする。その時も立ったまま話を聞かせない。

「気をつけ」「前へならえ」などの軍事的訓練は教育の場では行わない。生徒教師間の溝や壁やつくり、かえって信頼関係を害する「起立・礼・着席」はやめる。「先生」と呼ばない。漱石『坊ちゃん』同様「あだ名」で呼ぶ。教師たちは、一段下りて特にエラくない普通の大人としてやや対等に生徒に接する。

生徒は朝学校に来ると、タブレットでＡＩと繫ぎ、本日の授業メニューを開く。
そこには、案内板があり、例えば、

［国語］音読・読書・漢字・作文・会読
［算数］暗算・図形・パズル・プリント
［社会］地理・地域研究・歴史・社会研究
［理科］生物・実験・天文気象
［英語］スピーキング・英語劇・ライティング
［家庭］調理・裁縫・物作り
［体育］バスケ・サッカー・ソフトボール・バドミントン・卓球・陸上・マット運動
［音楽］歌・踊り・楽器演奏・作曲
［美術］絵画・工作・造形・製作

［校庭］花壇、飼育小屋、掃除
［屋上］菜園
（下級生用に平仮名にするところもある）

など50くらいの項目が並び、そこにその室名と担当者名が表示される。クリックすると、「OK」と返信が来る。その部屋には、生徒を助けることができる教師や保護者関係や近所のボランティアが待機しており、生徒はそこでAIと相談しながら自発的にさらに自分の学びたいことを選ぶ。周囲の者と共同研究することもある。

ただし、さすがに国語と算数は、ある程度決められた時間数を定めるべきであるが、それもその子の能力と進度によって異なる。1コマ80分としたいが、意外と面白くなければ途中で切って別の部屋へ行くのもあり。その際もAIにアクセスして「OK」を確認する。

来る時間も自由。来ないで家からリモート参加も可能。

タブレットは常時使って構わない。

学校は学校外の登下校中のことには管理責任を持たない。

学年がないので、各人各室で自分の学びたいことを勝手に学ぶ。AIの案内で自分が見るべき役立つVTRを視聴したりする。これは全国の教師たちが自己制作してアップしている中から選ぶことができ、その製作者の教師にはカウント数で印税が入るようにする。指導者や他の人に学ぶこともできる。上級生は「指導者」として下級生の学習の面倒も見る。教師が何人かをまとめて、これはということを話して聴かせたりすることもある。

毎日のように「特別ゲスト講師」の開講があり、例えば先ほどの案内板には、「タカハシさんのオバさんのお饅頭作り」とか、「山本さんのおじいさんの鈴虫の増やし方」とか、「紙飛行機博士のカミワザ」とか、「お父さんによるプロの教えるプログラミングの基本」、「ロボット博士のロボット講座」とかあったりして、子どもに教えたい人が自由に講座を開くことも可能にする。また、どの部屋にも親も来て参加することができる。

こうして楽しく学んで昼食時間がくると、ＡＩに報告して下校することもありだし、各人お弁当を食べたり、家庭科室のサービスにありつくこともできる。ウーバーイーツで取ることも可能にするが、ボランティアの「炊き出し」が勝つようにしたい。

午後からはまたやりたいことを学ぶ。午前の続きを行うこともできる。体育館や校庭で体を動かすこともできる。

15時になると下校時間になるが、クラブ活動と自由研究をしたい者は、19時まで学校にいることもできるようにする。

教員は6時間勤務の二交代制であり、家族の都合により7：00～13：00、13：00～19：00を選べる。もちろん一日に2日分やって休みの日を増やすこともできる。

とにかく子どもに自分のやりたいことを選ばせて、そのことで学習的・精神的・技術的向上を常に感じさせるようにする。

子どもに「活性化」する習慣を与える。

「活性化」――そのことに最も必要なのは「焚火」である。

ゆえに、子どもの活性化を願う大人たちは、即座にこの「焚火」のようなことを、ゲームなどを与えること以前にするべきである。

日曜日の午後は、学校の校庭で焚火をすることにしよう。

教師も父兄も地域の住民も参加する。酒が入っても構わない。

音楽を奏でる人がいれば幸いだ。

とにかく大人の手によって、子どもたちに、暗くなった後の焚火の炎を感受させよう。

大人も気持ちがいいが、子どもはすべてこの炎の前に「活性化」する。

そこではこれからの子どもの教育にとって、どういうことが正しいのかが話し合われる。

「愚民」と認識するのは勝手だが、その「愚民」の労働によってこの社会が成立しているのも当然のことである。

私たちは教育を語ることによって、そして、そのことを通じてこの市民社会の新しい在り方を創造するべきなのではないだろうか。

広く、未来社会に顕現するはずの子どもたちに、新しい未来的な教育がもたらされることを祈って、この本の結語としたい。

◎おわりに

読者に、この「ヘンタイ本」ご一読を感謝申し上げます。以下「おわりに」に代えて。

2022年12月下旬夜。東京は奥多摩の古民家珊瑚荘。

外はもう真っ暗で氷点下。野外の焚火ではもはや寒くてやっていられないので、室内に移動する。

森林に囲まれた静けさの中、赤々と燃える薪ストーブの前、この本の執筆に関わった教え子5名が集まった。

奥多摩少年作家連――中高生ながら、彼らはすでに「作文」の段階をはるかに超越して、小説やエッセイをブログで発表し合う「作家」たちで、日常的に書くことを趣味としている者たちばかりだ。また彼らは、私が行っているリベラルアーツの会読で、『旧約聖書』、『新約聖書』、『ソクラテスの弁明』、『スッタニパータ』、『論語』、『老子』……など世界の主要宗教教典等を読んでしまっているという、大人にとってまことにやりにくい少年たちでもある。

（松）「今回の執筆協力に感謝する。

　1年前にこの企画を伝えた時、キミたちに寄稿をお願いしたが、皆よく書いてくれて感謝する。皆の原稿を読んだが、君たちの文体が私のものに似ているところが感じられて笑えたよ。まあ、よくよく考えてみれば、私が作文の書き方を教えたのだから当然と言えば当然のことか。

　私は、秋以降、それらを基に、これまで滅多にないほど苦労して一応終わりまで書き切った。皆には今朝、すでにコピーを渡してあるので、目を通してくれただろう。これから一応、重要だと思われる箇所を読み上げるので各々、意見と感想を教えてほしい」
（N）「ガハハハハ。ついにやっちまったね。それにこうしてみんなの書いたものをまとめて読むと、妙に迫力があって面白いね」
（S）「でもこうして並べてみると、なんか教師も生徒も痛々しく感じられてくるねー」
（I）「空気悪い。この言葉が大人の読者に伝わるのかなあ」
（N）「伝わらないと思うよ。それにもし伝わったとしても、彼らは自分がヘンタイであることは認めない」
（I）「ヘンタイはヘンタイに気がつかないからヘンタイである」

（Y）「オレは最後に先生の書いたところ、結構面白かったな。いろいろ考える参考になったよ。それに、もし学校がそんなところになれば本当に不登校はなくなってしまうね」

（松）「これこれ、これからは先生という呼び方をなくそうと言ったではないか、先生は使うな」

（I）「じゃあ、なんて呼べばいいの」

（S）「マッツァンとか松の字とか、僕は通常マツセンを使うね」

（N）「それにしてもどうして〝起立・礼〟や〝前へならえ〟がやめられないのかな」

（T）「インターや海外の学校では絶対にやらないよ」

（E）「まあ外国人の目から見たらヘンタイに見えることだろう。でも、それを小学1年でやられるから、当たり前だと思わされてしまう。大人になってもそのまま」

（I）「ヘンタイはそのヘンタイに気がつかないからこそヘンタイである」

（N）「それっていつかオレたちも大人になった時にそうなっているってことかなあ」

（S）「いやそういうわけにはいきません。子どもにヘンタイと思われることを大人が教育の場でやるのは絶対なしです」

（N）「本当にもうやめてほしいよ。この国の教育全体が意味のないことを平気でやるヘンタイに思えてくるぜ。ところでマッツァン、この本の出版はいつですか？」

（松）「3月中旬だ」

（N）「それでもし、この本が売れたら、当然、子育て給付金じゃあないけれど、ボクたちにも原稿料がいただけるわけ？」
（松）「そっ、それは当然だが……、私も多く書いているし、それにはまずはともあれ多くの人が手に取ってくださらなければ」
（E）「大丈夫。これは売れる。だから1年分の本代ぐらいはもらえますよね」
（松）「キミタチの1年分の本代！　しかも7人分。おっそろしい。そんなの無理だ。ベストセラーにでもならなければ無理だ」
（E）「大丈夫。これは絶対に売れる。こんな本は今までにない。それにこの本が多くの人に読まれなければ、この国のヘンタイ教育は改まらないことになる。後輩たちのためにもそんなわけにはいかない。それにもしだめなら第2弾をやる。先生、いやマッツァン、本代よろしくお願いします！」
（一同）「よろしくお願い申し上げます！」

薪ストーブの揺れる炎が、少年作家連の精悍《せいかん》な顔を浮かび上がらせ、その未来を見つめる目を光らせる。
いやはや、実はこの生徒たちの方が「ヘンタイ」なのではないかと思えてくる。そう思いたくもなってくるが、この本によって、この国の教育の「ヘンタイ性」、多くの子どもたちを「不登校」や「特別支援学級」、あるいは「自殺」に追いやる思想と仕組みが、少しでも世の大人たちの理解への参考になるように祈って、「おわりに」としたい。

「第2弾」もよろしく。

2023年2月

松永暢史

松永暢史（まつなが・のぶふみ）
1957年東京都生まれ。大学受験浪人中より大学在学中そして卒業後、結婚後も個人教授バイト生活47年。自称「化け猫家庭教師」。21歳の時のムンバイ〜パリ間自動車旅行の体験により意識変換。単なる成績よりも能力の向上を目指した教育を実践する。教育環境設定コンサルタント。カタカムナ音読法、抽象構成作文法、サイコロ暗算学習法など多数の能力開発メソッドを開発してその効果を実証。「音読道場」指導者養成講座主任講師。教育作家。ブイネット教育相談事務所主宰。趣味は焚火と温泉と良景旅行と花卉栽培と文学と哲学。好物は柑橘系の果物とイカ。マーラーと抽象画を愛し、月の遠近WAVEの研究家としても知られる。東京吉祥寺在住。著書は『男の子を伸ばす母親は、ここが違う!』（扶桑社）、『将来の学力は10歳までの読書量で決まる!』（すばる舎）、『未来の学力は「親子の古典音読」で決まる!』『カタカムナ音読法』（ワニ・プラス）など多数。

松永暢史公式サイト　https://matsunaganobufumi.edorg.jp/

奥多摩少年作家連（おくたましょうねんさっかれん）
松永氏の教え子たちの中で、中高生ながら、すでに「作文」の段階をはるかに超越して、小説やエッセイをブログで発表し合う「作家」たち。日常的に書くことを趣味としている者たちばかりだ。また彼らは、松永氏が行っているリベラルアーツの会読で、『旧約聖書』、『新約聖書』、『ソクラテスの弁明』、『スッタニパータ』、『論語』、『老子』……など世界の主要宗教教典等を読んでしまっているという、大人にとってまことにやりにくい少年たちでもある。

日本の教育、ここがヘンタイ！
最大の被害者、子どもたちの告発から考える

2023年4月5日　初版発行

著者　松永暢史と奥多摩少年作家連
発行者　佐藤俊彦
発行所　株式会社ワニ・プラス
〒150-8482　東京都渋谷区恵比寿4-4-9 えびす大黒ビル7F
電話　03-5449-2171（編集）

発売元　株式会社ワニブックス
〒150-8482　東京都渋谷区恵比寿4-4-9 えびす大黒ビル
電話　03-5449-2711（代表）

装丁　新 昭彦（TwoFish）
イラスト　山口クミコ
DTP　株式会社ビュロー平林
印刷・製本所　中央精版印刷株式会社

 ISBN978-4-8470-7294-9
ワニブックスHP　https://www.wani.co.jp